■ 本书为中央级公益性科研院所基本科研业务费
专项资金资助项目

"十二五"国家重点图书

IAED

Study on "Clustering" Phenomenon of Negative Profits Forecast Disclosure in China' s Listed Companies

我国上市公司业绩预悲披露的"群聚"现象研究

■ 谢玲红 / 著

经济科学出版社
Economic Science Press

前　言

盈余预告信息的披露问题一直是资本市场理论研究和实务分析中关注的热点，其披露时机在证券定价和投资决策时都具有重要的作用，如何正确解读和规范盈余预告信息的披露时间显得尤为重要。而经典的经济学理论对于信息披露的某些异象无法完全解释。对这些异象的充分解释，很有必要依托一个全新的视角，行为金融学的发展则正好为此提供了一个契机。

本书以我国上市公司盈余预告信息披露作为研究的切入点，发现：业绩预悲集中披露的两个区间的样本数占到了总样本的91.18%，业绩预悲披露的群聚现象非常严重，而业绩预喜披露则相对较为分散。对于这一现象产生的原因，本书从管理者羊群行为和投资者注意力分散这两个维度来进行解释。

（1）在管理者羊群行为与信息披露时机关系的维度上，详细阐述了管理者羊群行为产生的制度背景和经济动因，首次构建了在管理者羊群行为存在情况下的信息披露时机决策模型，模型发现：其他公司业绩预悲信息的披露会加速公司业绩预悲信息的披露，形成业绩预悲的群聚现象；好消息的披露相比坏消息披露来说会更趋于分散。应用我国上市公司2003～2008年上市发行A股公司各季度业绩预告为样本，运用威布尔比例风险模型对模型结论进行检验，得出：管理者在特定的某天进行公司业绩预悲披露的概率与先前进行了业绩预悲披露的同类公司数量正相关，公司数量每增加1，特定的某天进行披露的概率会增加13.2%；同时，好消息披露中的羊群效应只有坏消息的2/3。因此，信息披露时机决策当中存在着管理者羊群行为，而且这种羊群行为是业绩预悲披露“群聚”现象产生的一个重要原因。

（2）在投资者注意力分散与信息披露时机关系的维度上，以投资组合选择模型为基础，构建了在注意力集中的投资者比例有所不同情况下的信息披露时机决策模型，模型发现：投资者注意力分散会造成对信息的及时反应的不足；管理者倾向于在投资者注意力更为分散的时候公布坏消息。应用A股上市公司2003～2009年的5 088个业绩预警公告为样本来对其进行检验，得出：投资者对周五和周六以及信息多日公布的信息的及时反应小因而投资者对此时公布的信息更易忽视；公司在每日盈余预告信息多日、周五和周六披露盈余预告坏消息的可能性分别是每日盈余预告信息少日、其他周历披露盈余预告坏消息的1.286倍和1.57倍。因此，公司管理者更倾向于在投资者注意力分散的时候公布坏消息。投资者注意力分散也是业绩预悲披露“群聚”现象产生的一个重要原因。

本书的主要贡献和创新之处在于：

（1）在研究对象上，首次对盈余预告信息披露时机的特点进行了研究。同时，主要以业绩预悲信息为研究对象，将业绩预喜信息披露作为对比参照组，比较分析不同性质的信息披露特点。

（2）在研究视角上，突破传统经典金融学理论范畴，将行为金融学理论中较为新兴的管理者羊群行为和投资者注意力分散这两种理论引入信息披露时机策略的研究中。

（3）在研究的结果上，与其他的文献只是揭示信息披露时机的某方面特征以及间接从外生的角度解释盈余信息的集中披露现象不同，本书基于内生性的视角，对我国上市公司业绩预悲披露群聚现象产生的深层次原因进行了剖析。

作　者

2013年8月

目录

Contents

第 1 章　导论　/　1

1.1　背景及意义　/　1

1.2　主要研究内容和创新点　/　6

1.3　全书结构　/　7

第 2 章　文献综述　/　10

2.1　信息披露时机　/　10

2.2　管理者羊群行为与公司信息披露　/　16

2.3　投资者注意力分散与公司信息披露　/　25

第 3 章　我国上市公司业绩预悲披露的“群聚”现象　/　30

3.1　我国盈余预告制度简介　/　30

3.2　我国上市公司盈余预告信息披露时机特点　/　35

3.3　业绩预悲信息与业绩预喜信息披露时机特点比较分析　/　42

3.4　本章小结　/　45

第 4 章　管理者羊群行为对信息披露时机决策影响的理论分析　/　46

4.1　信息披露过程中管理者羊群行为的作用机理　/　46

4.2 管理者羊群行为对信息披露时机影响的关系建模 / 50
4.3 本章小结 / 57

第5章 管理者羊群行为与业绩预悲披露“群聚”现象的实证分析 / 58

5.1 研究设计 / 58
5.2 业绩预悲披露中管理者羊群行为的存在性检验 / 64
5.3 预悲信息与预喜信息披露的管理者羊群效应比较 / 68
5.4 本章小结 / 71

第6章 投资者注意力分散对信息披露时机决策影响的理论分析 / 73

6.1 模型的设置 / 73
6.2 模型的求解 / 74
6.3 本章小结 / 80

第7章 投资者注意力分散与业绩预悲披露“群聚”现象的实证分析 / 82

7.1 研究设计 / 82
7.2 投资者注意力分散假说检验 / 89
7.3 投资者注意力分散与披露时机选择关系的研究 / 98
7.4 本章小结 / 102

第8章 总结和启示 / 104

8.1 研究总结 / 104
8.2 研究启示与政策建议 / 107
8.3 研究的不足之处及其展望 / 108

附录 / 111

参考文献 / 122

第1章

导 论

1.1 背景及意义

信息披露是财务学中的经典课题之一，也是财务报告中的重要内容，信息披露的问题关系到证券资本市场能否有效运作，市场的监督约束机制能否发挥作用。这些年来，无论是理论界还是实务界都对信息披露的数量和质量及其效果等给予了高度的重视。信息披露制度也得到了发展与完善，但信息披露中依然还有很多问题尚未解决，还存在很多传统的经济学无法解释的异象。比如：年报效应中的盈余公告后价格漂移（post-earnings-announcement drift，PEAD）和过度反应、公司业绩信息的集中披露现象等。经典的经济学理论如信息不对称理论、有效市场假说、信息传递理论、博弈理论和寻租理论等显然对这些异象的解释失去了其说服力。对这些异象的充分解释，很有必要依托一个全新的视角。

近年来逐渐成为热点的行为金融学的发展则为这些异象的解释提供了一个很好的契机。现代经典金融学是以理性经济人的假设为前提，利用一般均衡分析和无套利分析演绎出的一套相当完美的金融学理论。事实上，现实中人们的实际决策行为与“理性经济人”的假设有着很大的差异，出于各种主观和客观因素的制约，人的非理性更是一种常态，也因为如此，现代经典金融学遇到一些被称为“未解之谜”的现实问题。如：价值异象①、时间效

① 价值异象指三类价值型公司股票（“三低”股，即低市净率股、低市价/账面价格比股、低历史收益股）的表现都胜出于市场平均回报率及对应的三高股。

应①、规模效应②、公告效应③、处置效应④、股权溢价之谜⑤等。而行为金融学以心理学对人们实际决策行为的研究成果为基础，丰富了对未解之谜的解释，逐渐成为金融学研究中的一个重要领域。越来越多的学者开始突破传统金融学理性经济人以及市场出清的假设，研究人的行为对公司重要金融决策的影响。那么，公司的信息披露决策尤其是信息披露时机选择是否会受到相关的参与者行为的影响？如果是，又有哪些行为会对其产生作用？产生怎么样的影响呢？

上市公司管理者由于对信息披露时间上的斟酌处置权使得上市公司信息披露时机选择成为行为金融学领域当中备受关注的热点。自克罗斯（Kross，1981）发现公司披露年度会计盈利数据的早晚同公司实际盈利数与分析师预测数间的差距存在显著联系，“好消息提前披露，坏消息延迟披露”的规律得到确认之后，围绕这一问题从其产生的理论原理、用不同的方法、选取不同的研究对象对此规律正确性的检验以及其经济后果等多维度进行的研究可谓是愈演愈烈。

而国内外上市公司有关业绩信息在法定披露截止日前的集中释放问题则是由来已久。为了弱化投资者对信息的消化、吸收与理解，以降低市场对公司相关信息的反应，降低股价的波动性，公司业绩有关的信息往往倾向于集中披露（Kross，1981；Givoly and Palmon，1982），特别是一些公司利用其他公司披露重大消息的同时披露坏消息（Hirshleifer D.，Lim S. S.，Teoh S. H.，2004）。由于我国证券市场尚处于发展的初期，相关披露制度及其监管等相对落后，与国外信息披露的集中程度相比较，我国上市公司

---

① 时间效应包括一月效应，每月之交效应，星期一效应，年末尾数为5的效应等。如证券市场的一月份和每个月的最后一天及下一个月的前四天往往会带来异乎寻常的高收益，而星期一的回报则比一星期中其他任何一天都差，等等。

② 规模效应指小公司常比市场平均水准表现得更好，即小公司股票回报优于大公司股票。而小公司股票的收益又主要归功于那些微型公司。

③ 公告效应是指在一项具有正面效应的公告公布后，公司股价倾向于上扬，而负面效应的公告则会带来股价的下挫。但当某个公司有意外盈利时，市场或多或少又似乎都不能立即消化这一信息，会存在一定的时滞，然后又做出过度反应。

④ 处置效应是指证券市场的参与者表现出存在太长时间地持有亏损股票而太短时间地卖掉盈利股票的倾向。

⑤ 股权溢价之谜是指股票市场投资与债券市场投资历史平均水平回报间存在巨大差额。

业绩信息尤其是年报信息披露的集中现象尤为严重。有学者对中国上市公司在1994~1996年的披露状况进行研究后发现，超过30%的上市公司在法定披露期限（4月30日）前的最后一周披露其年度报告，亏损公司披露得最晚（Haw and Wu，2000）。为了使投资者能更充分地理解上市公司盈余公告的信息，达到均衡披露的要求，中国证监会1997年曾发文要求交易所根据“均衡分布披露”的原则安排好上市公司的披露日期，即：上证所原则上每日安排的披露半年报的上市公司不超过50家，深市主板最多为30家；对于年报，每日披露的公司上线则分别为45家和25家，希望以此来限制上市公司的集中披露行为。但这些政策实施这么多年以来，我国年报集中披露现象却依然明显，我国上市公司的年报披露存在“前松后紧”、平均业绩“前高后低”、亏损年报集中在4月下旬现象（李筱强，2003），在具体的时间选择上，愿意选择周末披露（于李胜，王艳艳，2010）。

至此，致力于寻找集中披露根源的研究也大量涌现，这些研究大致可分为以下几大类：一是研究公司特征与公司披露时机的关系；二是从诉讼成本方面对不同性质的信息披露的影响；三是从管理者机会主义的视角研究相关的激励对管理者披露时机决策的影响。在公司特征与披露时间关系的研究上，森古达（Sengupta，2004）分析了公司对投资者信息的需求程度、公司财务及会计方面的复杂性、大股东所有权与披露时滞的关系；从诉讼成本方面分析不同信息的披露时机选择的研究（Kaznik R.，Lev B.，1995；Skinner D.，1994；Skinner D.，1997；Baginski S.，Hassell J.，Kimbrough，M.，2002）虽进行得如火如荼，但这显然将不同公司间的信息披露决策进行了割裂，基于的是一种静态的视角，因而无法对不同公司间形成的动态披露的集中模式加以解释；从管理者的机会主义的角度研究信息披露时机策略的文献也不在少数。蔡祥、李志文、张为国（2003）认为适当的披露时机是管理层会计选择的一种结果，披露时机的系统性差异更是反映了管理者的机会主义行为，管理者增加其期权价值或出售的股票价格的激励（Aboody D.，Kasznik R.，2000；Frankel R.，McNichols M.，Wilson G. P.，1995；Lang M.，Lundholm R.，2000；Yermack D.，1997）以及管理者职业顾虑的激励（Nagar V.，1999；Nagar V.，Nanda D.，2003）都会对信息披露的时机产生影响。

但上述这些研究都只能通过解释“好消息提前披露，坏消息推迟披露”这一规律而间接地解释集中披露现象（Dye R.，1990；Gennotte G.，Trueman B.，1996）。并且这些研究文献是从传统金融学的视角进行的研究，确实揭示了信息披露时机的某方面特征，但对于集中披露现象产生的内在机理显然还缺乏十足的说服力，对于其他业绩信息的集中披露也缺乏研究。因此，本书的研究以“我国上市公司业绩预悲披露的‘群聚’现象”为主题，试图从管理者和投资者行为的角度对信息的集中披露现象尤其是坏消息的集聚现象予以解释。本书的立题依据如下：

首先，从研究对象上来看，相关研究都是对定期报告（年报）披露的及时性以及时机选择进行的考察，尽管国外对公司披露时机选择的传统研究认为管理者盈余预告信息披露时间的早晚与管理层自身对会计盈余信念的不确定性（Kaznik R.，Lev B.，1995；Skinner D.，1994；Skinner D.，1999；Baginski S.，Hassell J.，Kimbrough M.，2002）以及所拥有信息的类型有关（Dye R.，1990；Gennotte G.，Trueman B.，1996），但国内还很少有研究涉及盈余预告信息披露的时机选择问题。而事实上，盈余预告信息被财务分析师和投资者作为未来公司绩效表现的一种信号，预告信息的好坏、信息披露的时间及其披露的方式等都会影响投资者的投资策略、公司股票的市场表现以及证券市场的效率等各个方面。因此，管理层在会计信息披露的过程中可能存在组合动机和信息的操作行为（Gennotte G.，Trueman B.，1996）。而我国的盈余预告制度是中国证券市场监督管理部门在借鉴国外预测性信息披露经验的基础上，于1998开始实行的一项信息披露制度。其提出来的背景是因为每到年报、半年报发布期间，证券市场上的信息（包括虚假信息）漫天飞，部分投机者利用市场中信息的不透明来操纵上市公司的股价，损害了其他投资者的利益。从1998年拉开序幕至今，我国的盈余预告制度在二级市场上经历了从不披露任何盈余预告信息，到只单独发布预亏公告，到单独发布预亏、预警、预盈和预增公告，最后增加到要求在年度和中期报告中披露前瞻性财务信息的这样一个不断完善的过程。对其披露时机特点、影响因素等进行研究既可以弥补我国盈余预告信息披露时机研究的不足，又可以帮助投资者加深对盈余预告信息的理解，进而做出更好的投资决策，加强公众对上市公司的监督。

其次，本书主要立足于业绩预悲信息的披露，即坏消息的披露，具体来说是指业绩预警中预测利润为“首亏”、“续亏”、“略减”、“预减”的情况。业绩预喜信息与业绩预悲信息相对应，业绩预喜信息即好消息，是指业绩预警中预测利润为“扭亏”、“续盈”、“略增”、“预增”的情况。以前有关集中披露的研究并没有在对信息类型进行区别的基础上进行分析，比较笼统。而事实上，好消息和坏消息的披露时机往往由于诉讼风险的不对称（Skinner D.，1994）和价值函数的不对称（Kahneman，D. and A. Tversky，1979）而存在差异，继而最终所形成的信息披露集中模式也可能存在差异，因此，将业绩预喜信息的披露模式作为对比组进行分析显得尤为重要。

最后，近年来，随着实验心理学和行为学的发展，人的行为因素开始被广泛引入财务学领域的研究，行为公司财务的研究逐渐兴起，也给信息披露时机选择的研究注入了新的血液。从研究的视角上来看，现有的大部分研究只是从传统的信息不对称理论以及内部报告假说理论等对年报的“好消息提前，坏消息延后”现象进行解释，并以此回答年报的集中披露。这些研究存在以下一些不足：一是基于仅单个公司的静态的视角，而没有考虑到信息披露模式的形成其实是一个在多公司环境下动态选择的结果。事实上，会计报告和信息披露决策都是在一个有序、多公司的环境下进行的。管理者在做出自己的决策时，不可避免地存在追随他人的羊群行为（Hirshleifer D.，Lim S. S.，Teoh S. H.，2004），而信息披露时机决策中羊群行为的存在必然会导致披露群聚现象（Tse S.，Tucker J.，2009）；二是未从投资者认知过程这一更直接的因素理解集中披露中的竞争信息对投资者行为的影响，进而忽略了投资者对信息的反应程度对管理者披露时机选择策略可能产生的影响。因为大量信息的集中披露可能会在投资者中引起“信息恐慌论”，或信息过载论。也即，投资者在面对大量的信息时，由于信息处理能力的有限或注意力分散会造成投资者对信息反应的不足。既然如此，上市公司的管理者就有可能利用投资者在大量信息条件下的有限注意力而择机选择披露时机，倾向于在投资者注意力较为分散的时候公布坏消息，进而形成业绩预悲信息的集中披露。因此，管理者羊群行为和投资者注意力分散都会对公司的信息披露时机决策产生影响，完全不考虑行为因素的信息披露研究与实际情况相差较远。因此，从行为学的角度研究信息披露时机决策显得非常有必要而且有意义。

1.2 主要研究内容和创新点

1.2.1 主要研究内容

本书的主体研究分为三大部分：

第一，分析中国上市公司盈余预告制度的演变历史以及盈余预告信息披露的特点。这部分对中国盈余预告制度的发展历程及相关规定进行了介绍，继而以中国上市公司盈余预告信息为研究样本对信息披露时间的特点进行研究，对中国上市公司不同性质的盈余预告信息的披露特点进行了比较分析。

第二，管理者羊群行为与中国上市公司盈余预告信息披露时机决策关系的理论和实证分析。在对羊群行为相关的研究文献进行系统分析的基础上，发现现有研究并没有将羊群行为引入信息披露时机决策的不足；继而分析上市公司管理者信息披露决策中羊群行为产生的经济动因以及影响羊群行为程度的特有的中国制度背景；并进一步借助数学建模的思想，构建在管理者的信息披露时机决策受其他公司信息披露决策影响的情况下的披露策略，分析其他公司的披露策略会如何影响公司披露策略进而形成不同披露模式的动态模型；最后，构建适应中国市场的合理有效的管理者羊群行为的替代变量，并以我国上市公司盈余预告信息为样本，验证信息披露时机决策中管理者羊群行为的存在性，同时对业绩预悲信息披露和业绩预喜信息披露中的管理者羊群效应进行比较分析。

第三，投资者注意力分散与中国上市公司盈余预告信息披露时机决策关系的理论和实证分析。在对相关研究文献进行系统分析的基础上，发现现有研究并没将投资者注意力分散引入信息披露时机决策；对投资者注意力确实会影响信息披露时机决策的理论进行了分析，并借助数学建模的思想，构建模型分析投资者注意力分散如何影响上市公司的信息披露决策；最后，构建适应中国市场的合适而有效的投资者注意力分散的替代变量，并以我国上市公司盈余预告信息为样本，研究投资者对盈余预告信息的及

时反应情况，检验投资者注意力分散程度是否受信息公布所在周历及竞争性信息的影响，在此基础上，进一步研究上市公司是否更倾向于在投资者对信息关注度较低、注意力更分散的时候披露坏消息。

1.2.2 研究的创新之处

至此，我们决定以管理者羊群行为、投资者注意力分散两大理论作为支柱，以盈余预告信息为研究对象，从新的角度探究公司信息披露时机选择的影响因素。这一研究具有如下意义：

其一，中国盈余预告披露制度正逐步完善，上市公司发布的各种盈余预测公告已成为证券市场信息披露中的重要信息。而迄今为止，鲜有文献研究盈余预告信息的披露时机问题，因此，以盈余预告信息的披露作为研究对象，揭露盈余预告信息披露的特点以及其影响因素，具有一定的创新性。

其二，管理者羊群行为和投资者注意力分散这两种理论在公司金融研究中都属于新兴学说，国内外的学者都还没有形成统一的认识。在羊群行为方面，尽管证券市场中对参与者羊群行为存在性及其影响的研究可谓是汗牛充栋，但立足于整个公司管理层的羊群行为研究尤其是公司重大决策中管理层的羊群行为研究却是凤毛麟角；在投资者注意力分散方面，主要研究在投资者注意力分散的框架下的市场效率、资产价格、市场交易及其分配等问题，还鲜有研究将注意力分散引入公司重大决策尤其是信息披露时机决策中。研究这两种理论对公司信息披露决策的影响具有重要的创新意义。

其三，本书落脚点是中国证券市场的各上市公司。众所周知，中国上市公司的信息披露问题一直是市场讨论的焦点；而管理者、投资者行为及决策在其中所起的作用早已为市场所感知，却一直缺乏系统的理论研究及实证研究来验证。本书探究管理者羊群行为和投资者注意力分散对公司信息披露行为的影响，力求为投资者决策、政策监管等提供依据和支持。

1.3 全书结构

本书的主体结构分为八章，具体内容和章节安排如下：

第 1 章为导论，主要介绍选题背景及意义，指出主要研究内容和创新之处，并简要阐述全书的框架结构。

第 2 章为文献综述。主要对信息披露时机的影响因素、管理者羊群行为及投资者注意力分散与信息披露决策关系的研究文献进行回顾，对评述这些研究中的贡献及存在的不足。

第 3 章是对我国上市公司盈余预告信息披露特点的研究。对披露的盈余预告信息的具体时间、所在季度、月份、周历等分布特点进行统计分析，发现我国上市公司业绩预悲信息的披露存在一种“群聚”现象，并且相比好消息，坏消息的集聚程度更为严重。

第 4 章为管理者羊群行为与信息披露时机决策关系的理论分析。具体从两个维度展开，一是从经济动因和制度背景来分析信息披露过程中的管理者羊群行为作用机理，二是在作用机理的基础上，构建羊群行为对信息披露时机决策的影响模型。

第 5 章为管理者羊群行为与信息披露时机决策关系的实证分析。以我国上市公司业绩预悲披露信息为样本，对披露时机决策中的管理者羊群行为存在性进行实证检验，并比较分析好消息和坏消息披露中，管理者羊群效应的大小，证实第 4 章的分析所得出的结论。通过第 4 章和第 5 章的研究，本书从管理者羊群行为角度为我国上市公司业绩预悲披露的“群聚”提供解释。

第 6 章为投资者注意力分散与信息披露时机决策关系的理论分析。构建了投资者注意力分散程度不同的情况下的公司信息披露时机的选择模型，根据模型得出相应的研究假设。

第 7 章为投资者注意力分散与信息披露时机决策关系的实证分析。对第 6 章的模型提出的假设应用中国上市公司业绩预告披露信息的数据进行实证检验，对披露时机决策中的投资者注意力分散的存在性及存在的时刻进行了分析，继而进一步检验管理者是否更倾向于在投资者注意力分散的时候披露业绩预悲信息。

第 8 章为总结和展望。归纳总结前后各章的主要结论，指出本书存在的一些不足以及对未来进一步研究进行展望。

本书的基本框架如图 1 – 1 所示。

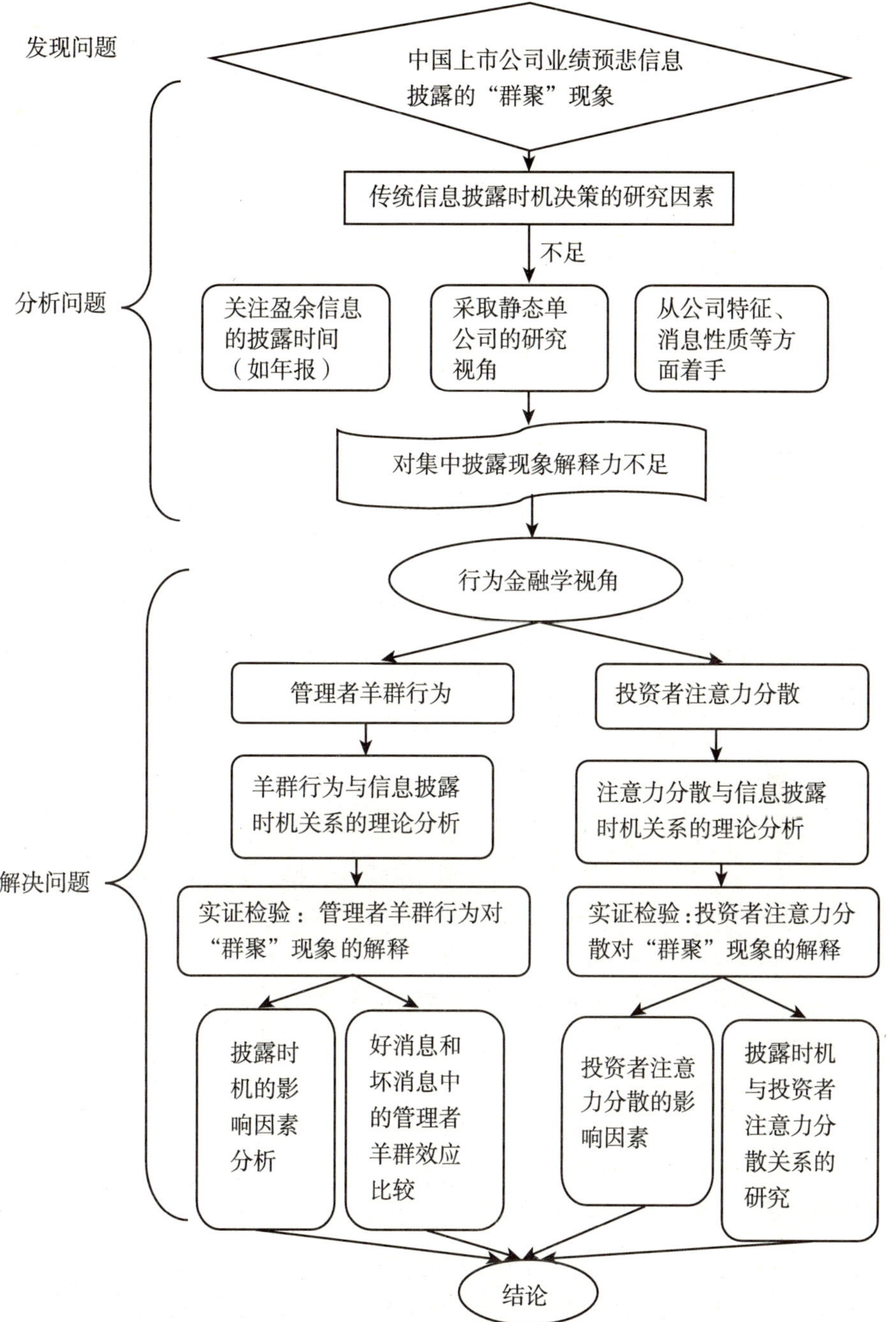

图1－1 本书的基本研究框架

第2章

文献综述

关于上市公司信息披露方面的研究，国际和国内学术界积累的文献可谓汗牛充栋。在此只能结合本书选取的主要研究方向进行择要综述和评论。信息披露主要包括信息是否披露以及如何披露，本书只对信息如何披露当中的信息披露时机决策的相关文献进行回顾与整理。在对信息披露时机的影响因素中，主要关注行为信息披露方面的研究，具体来说主要对影响信息披露时机决策的管理者羊群行为和投资者注意力分散的相关文献进行整理和综述。

2.1 信息披露时机

2.1.1 信息披露时机影响因素的研究

1. 国外的研究

鲍尔和布朗（Ball and Brown，1968）、科塔里（Kothari，2001）等的研究表明，随着定期公告日期的临近，市场对业绩信息的吸收能力也越来越多，因此，盈余公告对市场参与者提供有用信息的程度不仅与信息性质相关，而且受信息披露时间的影响。基于此，本节我们将主要回顾影响信息披露时机决策的因素。信息披露时机影响因素的相关研究非常多，但总的来说，国外的大部分研究都主要从市场对不同时间披露的信息反应和影响信息披露时间的因素这两个维度来展开。

在市场对不同时间披露的信息的反应方面，国内外的相关研究都得出了一致的结论，即：股价对较早披露盈余的反应比较晚披露盈余的市场反应更加显著。如钱伯斯和潘曼（Chambers and Penman，1984）通过对1970～1976年间的100家美国上市公司的671份盈余公告的及时性与市场反应的关系进行的研究发现：比预期公布时间较早发布的信息，市场会有更大的价格反应，而迟于预期时间的发布盈余公告的市场反应较小；克罗斯和施罗德（Kross and Schroeder，1984）将研究对象扩展到中期报告后的研究结果也同样支持了好消息提前披露、坏消息推迟披露的假设，且较早宣布盈余信息的公司的非正常回报比较晚宣布盈余信息的公司的非正常回报更显著；巴格诺利、克罗斯和瓦茨（Bagnoli，Kross and Watts，2002）的研究发现，公司实际披露日相对盈余宣告预计日期的早晚与盈余公告时的市场反应有关。国内也有相关的文献对此进行了研究，与国外的研究结果基本一致。上述研究说明信息公布及时与否，证券市场是有能力进行区分的，而且及时的信息正是证券市场所需要的。因此，对影响信息及时性的原因进行分析就显得至关重要了。

在信息披露时间的影响因素的研究上，大部分文献针对影响信息披露时滞的因素进行了分析。公司及时地披露信息非常重要，这一重要性得到了诸多实证结果的证实。这是因为，提高公司信息披露的及时性一方面可以减轻投资者之间的信息不对称，降低私有信息较少的投资者同私有信息较多的投资者之间的交易风险，从而使投资者把更多的资金投入到股票市场中来；同时公司及时披露会计信息有助于证实或修正投资者的预期，引导股票市场资源的优化配置。如果公司的信息披露不及时，投资者可能推迟股票买卖直到公司正式对外披露才进行交易，这样会降低股票市场效率。对影响信息披露及时性的因素的研究包括，对盈余消息的性质、审计意见、公司治理结构等因素与信息披露及时性的关系进行检验，主要的研究文献如下：

惠特里德（Whittred，1980）对澳大利亚上市公司年度报告的及时性进行的研究发现，年度报告的及时性与审计意见的好坏存在显著的相关性，具体来说，那些获得保留意见的企业通常审计报告时滞更长，非标准审计意见类型越严重，审计报告时滞越长，年报披露的时滞越长；森古达（Sengupta，2004）的研究发现，信息披露的时滞与公司会计的复杂性有关，公司会计越复杂，信息越会延迟披露，而公司部门的多少、是否发生并购或其他的典型事件都会影响公司会计的复杂性；戴维斯和惠特里德（Davis and Whittred，1980）对公司特征如何影响报告的及时性进行了研究，发现公司规模（通常用公司的资产总额来衡量）是影响年报及时性的因素之一，即大公司和小公司比中等规模公司更及时地披露报告；格劳尔和牛顿（Graul and Newton，1989）的研究发现，审计师的规模、公司所在行业、非经常性项目存在与否、净收益的符号都会影响年报披露的及时性；布什曼等人（Bushman et al.，2000）对盈余公告及时性和公司治理机制关系进行的研究结果表明：盈余公告的及时性与公司治理机制之间呈显著负相关的关系，这些公司治理机制主要包括董事会的构成、内部董事和外部董事的持股数量、股权的集中程度和经理层薪酬。拥有更多流通股的公司对信息及时性披露的需求也会更高，因为所有权更趋分散时，公开披露是将私人信息传递给市场参与者的最有效的方式；森古达（2004）认为机构投资者希望信息越早公布越好；埃辛卡亚等（Ajinkya et al.，2004）的研究表明，外部董事由于利与罚的不对等（指很少享受推迟披露的好处而却要承担推迟披露所遭受的诉讼成本和声誉损失）而有更快披露信息的激励。鲍尔和席瓦库玛（Ball and Shivakumar，2005）从公司性质方面对信息披露的及时性进行了研究，得出英国的私营企业和国营企业由于市场需求不同，使得私营企业财务报告及时性较低；也有学者研究认为存在一个最佳的披露时间，公司由于其业绩的差异会采取相机信息披露策略，寻求最佳的披露时间（Lee and Ye，2004）。博托尚和哈里斯（Botosan and Harris，2000）、布希等人（Bushee et al.，2003）从投资者信息及时性需求的角度来研究披露时机的影响因素，由于投资者会关注他们得到的其投资公司信息的及时性，而且对及时性信息的需求会随着他们交易的频繁度而增大，因而信息延迟披露的程度与交易量负相关；斯金纳（Skinner，1994，1997）认为，为了减少诉讼成本，相比好消息，公司将更倾向于提前公布坏消息，因而，公司面临的诉讼成本越高，信息越会更快地公布。公司提早披露使得市场竞争者利用其公布的信息而降低披露公司利润的专有成本的存在会使得公司倾向于推迟披露相关的敏感信息（Verrecchia R.，1983；Wagenhofer A.，1990；Feltham G.，Xie J.，1992）。

2. 国内的研究

相比国外，国内对信息披露时机的研究起步较晚。但同样，国内学者孟卫东、陆静（2000），陈汉文、邓顺永（2004），巫升柱、王建玲、乔旭东（2006）等的研究也发现，年报的及时性与盈余消息间的“好消息早，坏消息晚”的披露规律依然存在。孟卫东、陆静（2000）选取1999年1～4月披露的1998年度年报的195个样本进行了研究，发现先公布年报的公司，其EPS、ROE和调整后EPS比后公布的公司的相应指标分别高出45.05%、43.28%、55.90%，并且这种差异在统计上非常显著，从而证明我国上市公司倾向于提前公布好消息，而推迟公布坏消息；陈汉文，邓顺永（2004）借助不同的测度指标，从三个方面考察了上市公司2000～2002年度盈余报告及时性与业绩变动间的关联性，发现，虽然监管部门加大了对上市公司年度报告的规范力度，但盈余报告的及时性并未得到进一步强化，盈余报告及时性有整体推后的趋势。盈余报告及时性与盈余消息间的“好消息早、坏消息晚”的披露规律依然存在；巫升柱、王建玲、乔旭东（2006）以1993～2003年间公布的8 294份年度报告为研究样本发现，随着时间推移，我国上市公司年报披露的及时性在逐步提高。

国内在信息披露及时性的影响因素方面的研究也取得不少成果。有学者将成熟市场国家年报披露及时性的影响因素扩展到中国新兴的证券市场，研究结果显示，未预期盈利的方向和审计意见类型显著影响了年报披露的及时性，与西方的研究结论相类似（Haw I. M.，Qi D.，Wu W.，2000）；蒋义宏、湛瑞锋（2008）以2001～2004年度所有沪市上市公司为样本，实证检验了未预期盈余、审计报告类型、公司业绩等多个因素对上市公司年报披露绝对及时性和相对及时性的影响，研究结果发现，未预期盈余为正的年报、被出具标准审计意见的年报以及业绩好的年报披露较早；反之亦然，当年会计师事务所变更的公司和亏损公司年报披露较晚。在变更年报预约披露日期的公司中，未预期盈余为正的公司、被出具标准审计意见的公司以及业绩好的公司通常提前披露年报；反之亦然。李维安等（2005）选用2000～2003年在深交所和上交所上市的可以找到数据的所有上市公司为研究样本，考察未预期盈利、非标准审计意见与年报披露及时性之间的关系，研究结果表明，在同等条件下，未预期盈利为正、本年度和上一年度未被出具非标准审计意见以及企业业绩好的上市公司年报披露较及时。同时，财务杠杆高、更换会计师事务所、规模大的上市公司年报迟滞时间久，而审计者规模和公司上市的证交所对年报披露时间没有显著影响。

2.1.2 盈余信息披露时间特点的研究

国内外的研究均表明，盈余信息的披露都存在不同程度的集中披露现象。

在国外研究方面，克罗斯（Kross，1981）、吉弗里和帕尔曼（Givoly and Palmon，1982）的研究都得出：与公司业绩有关的信息往往倾向于集中披露；吉弗里和帕尔曼（1982）以美国上市公司1960～1974年的年报为研究对象，对年报的披露时滞问题进行研究后发现，年报披露的平均时滞在不断减少，从1960年的63天减少到1974年的41天；赫什莱弗、利姆和张（Hirshleifer D.，Lim S. S. and Teoh S. H.，2004）构建了一个在投资者注意力分散情况下的管理者是否披露信息决策的模型，其中管理者可以是属于知情交易者，并决定信息是否披露，而投资者在发布的信息和不发布信息时进行相关的推测之间分配注意力。模型的研究结论发现一些公司特别会利用其他公司披露重大消息的同时披露坏消息，致使坏消息的集中披露现象尤为突出。而在具体披露的时间上，国外的相关研究中，盈余公告一般是在周二至周四最多，周五最少。

国内研究方面，李筱强（2003）对我国上市公司年报的披露时间的研究发现，我国上市公司的年报披露存在“前松后紧”、平均业绩“前高后低”、亏损年报集中在4月下旬的现象；王艳艳、于李胜（2010）运用2001～2005年非金融企业上市公司的年报、半年报和季报数据研究发现：我国上市公司在选择披露时间时，一般倾向于在规定截止日前集中披露；在具体的时间选择上，愿意选择周末披露；其他学者对中国上市公司年报在 1994 ~1996 年的披露研究也得出相似的结论：超过 30% 的上市公司在法定披露期限（4 月 30 日）前的最后一周披露其年度报告，亏损公司披露得最晚（Haw and Wu，2000）。为了达到均衡披露的要求，我国证券监管部门出台了相应的政策来限制上市公司的集中披露行为，但集中披露现象依然明显。孟卫东、陆静（2000）选取 1999 年 1 ~4 月披露的 1998 年度年报的 195 个样本进行了研究，通过分析在每周交易日和非交易日披露的年报数据，发现存在明显的星期特征，主要的三个会计盈余指标 EPS、调整后 EPS 和 ROE 在统计上有显著差异，也即在交易日（星期一到星期五）公布的盈余数据大于非交易日（星期六）公布的数据；李维安等（2005）以 2000 ~2003 年在深交所和上交所上市的可以找到数据的所有上市公司为研究样本，对年报披露的时间进行研究后发现：83.65% 的上市公司年度财务报告选择在 3 月（40.02%）和 4 月（43.63%）披露，选择在 1 月（3.11%）和 2 月（13.07%）披露的仅为 16.18%，超过规定时间披露年报的上市公司是极少数（0.17%）。

2.1.3 对信息披露时机文献的述评

尽管现有信息披露时机的文献较多，但这些研究还存在以下几个方面的不足：

（1）从研究对象上来说，信息披露时机的相关研究都是对定期报告（年报）披露的及时性以及时机选择进行的考察，很少考虑盈余预告信息披露的披露特点。

（2）从研究角度上来说，这些文献都是从公司特征及信息性质的角度来研究他们对信息披露时机的影响，属于传统金融学的范畴。没有考虑决策者行为及心理因素的影响，而传统金融学显然对众多的“异象”无法解释。

（3）从研究方法上来说，这些文献都属于静态的、单公司视角的研究，没有从动态的角度研究多个公司信息披露时机的决策如何相互影响，从而最终形成何种信息披露的模式。

事实上，随着信息披露制度的不断完善，盈余预告信息也不断涌现，各市场的参与者一定程度上都会受到这些预测信息的影响，因此，盈余预告信息的披露时机对公司的影响就很有研究价值。同时，行为及心理因素对决策的影响早已纳入很多研究领域中，而且这些因素在解释各种金融“异象”中确实发挥着传统金融学无法替代的作用。但将行为及心理因素引入信息披露时机决策中的研究还较为少见。那么，有哪些主要的行为及心理因素会影响信息披露时机的决策呢？最后，信息披露决策是在一个有序、多公司的条件下进行的，是一个受其他公司影响的动态决策，从动态的角度来进行研究将会更符合我们现实的情况。

2.2 管理者羊群行为与公司信息披露

2.2.1 羊群行为定义

羊群行为（herd behavior）通常指在不完全信息环境下，行为主体因受其他人行为的影响，进而忽视自己的私人信息而模仿他人行动的决策行为。由于羊群行为具有传染性，因此存在于多个行为主体之间的羊群行为又称为羊群效应（herding）。从广义上说，申明浩和宋剑波（2008）认为，羊群行为即因受他人影响所采取的行为模式。此类受他人影响、模仿他人的行为最先用社会心理学中的“从众心理”来解释。虽然羊群行为普遍存在于时尚、选举、就业等诸多方面，但被人们关注和研究却源于资本市场上投资者之间的“跟风行为”。特别是近年来，随着人们对金融危机和投资者行为的深入思考，资本市场上的羊群效应迅速成为金融市场微观结构理论和行为金融理论的研究热点之一。

经济学和金融学借鉴了社会心理学中对从众心理的研究成果，借以研究金融市场上及经济管理决策中的群体性行为收敛现象。传统的经济学理论中，决策一般反映了人们的理性预期，而且假设所有可得的信息都被用于决策，现实中却往往相反——决策是由群体心理驱动的，有时人们会放弃自己的私人信息而模仿别人（Scharfstein D. S.，Stein J. C.，1990）。在一定时期，当采取相同策略（买或卖）交易特定资产的行为主体达到或超过一定数量时，羊群行为就发生了，其实质上是一种从众行为。

但是，理解羊群行为，需要区分以下两种情况。一是并非大量投资者在某个时期采取相同投资策略的现象就可以称为羊群行为。只有当原本不打算投资（或打算投资）的投资者在观察到其他人的投资（或不投资）的行动后改变原有的信念进行投资（或不投资）的行为才称之为羊群行为。二是羊群效应和伪羊群效应的区分。一般而言，羊群效应的产生是由投资者之间的模仿行为引起的，而“伪羊群效应”则可能是因投资者都观察到资产真实价值的变化而同时调整投资组合引致的。从市场有效性的角度来看，羊群效应可能引起资产价格的剧烈波动且价格向一个错误的方向发展；而“伪羊群效应”虽然也会引起资产价格的波动，但却是一个有效的结果。

2.2.2 管理者羊群行为产生的原因

羊群行为在资本市场的普遍存在使其一直是研究的热点，这些研究在理论方面着重建立各种数学模型来解释羊群行为发生的内在机制。这些模型主要可归为以下三大类：

（1）基于信息问题而产生的羊群行为，由此派生的一系列理论模型统称为信息层叠模型（Bikhchandani S.，Hirshleifer D.，1990；Weleh I.，1992；Banerjee A. V.，1992；Lee L. H.，1993；Chamley C.，Gale D.，1994），指在一个一般的序贯决策选择中，个人能够观察到前人的行为，并且放弃自己的私人信息去跟随前人的行为；当这种做法对于个人而言是最优选择时，就将产生信息层叠。

基于信息的羊群效应模型最早由比赫昌达尼、赫什莱弗、韦尔奇（Bikhchandani S.，Hirshleifer D.，Welch A.，1990）（以下简称 BHW）提出。他们的模型假设在资产价值不确定环境下，投资者除了可获得公共信息外，还拥有与资产价值相关但不完全的私人信息。每个投资者可观察到其他人采取的行动但不知道别人的私人信息（即便部分投资者可能进行沟通，但是呈现在人们面前的事实使得投资者的行动所传递的信息更令人信服）。若投资者之间按照外生的既定顺序进行决策且投资成本不随时间的变化而变化，则先行者的行动将显著影响后行动者的决策并导致投资者之间产生羊群行为。若羊群行为出现，则社会学习（social learning）过程停止并形成信息栅（information cascade），后行动者的私人信息得不到揭示，资产的价格不能反映资产的真实价值。然而，基于信息的羊群行为并不稳健，投资者外生的决策顺序进行调整可能改变羊群行为的形式，而任何新的公共信息到达市场都可能终止已有的羊群行为。

在 BHW 的基础上，诸多学者对信息羊群行为进行了更深入的研究。李（Lee，1993）把交易者的交易行为简单地分为交易与不交易两种，认为若存在交易成本，则证券市场上可能存在不交易的羊群效应。格罗斯顿、米尔格罗姆、凯尔（Glosten L. R.；Milgrom P. R.，1985；Kyle，1985）假设资产价格是内生变量，他们运用金融市场微观结构理论研究表明，理性交易者之间不存在羊群效应。然而，实际情况是，证券市场上的资产价格总是随着时间的推移不断变化，同时也广泛存在羊群效应。此后，埃弗里、泽姆斯基（Avery C.，Zemsky P.，1998）分析了资产价格内生变化的情形，他们的研究表明，即便不存在交易成本，只要增加私人信息不确定性的维度，证券市场上也可能产生羊群效应。

（2）基于声誉问题而产生的羊群行为，由此派生的一系列模型被称为声誉羊群模型（Scharfstein D. S.，Stein J. C.，1990；Zwiebel J.，1995；Prendergast C.，Stole L.，1996；Graham J. R.，1999）。基于声誉的羊群效应模型主要考察基金经理、证券分析师和股评家之间的羊群行为。对羊群行为与声誉模型的理论论述最早可以追溯到凯恩斯 1936 年在《通论》中的论述，他指出，投资者或许并不根据自己的信息和信念进行决策，而是屈服于大众。他诙谐地比喻说，正如选美比赛的评委致力于选出大多数人认可的佳丽，而不是自己认为最美丽的面孔，职业经理人会出于“声誉的考虑”而采取随大流的投资策略。凯恩斯精炼地将其总结为一句话：“对于声誉而言，败于习俗总好过胜于脱俗”。

沙尔夫斯泰因和斯泰因（Scharfstein D. S.，Stein J. C.，1990）最早研究基金经理的羊群行为。他们的模型考虑两个基金经理的情形，其中一个经理的能力高，而另一个经理的能力低。只有基金经理本人知道自己的能力类型，而其他人只能通过他们的行动来判断其能力高低。假设他们面临相似的投资决策但拥有不同的私人信息，通常高能力的基金经理获得高质量的信息（可能是努力收集和独特分析能力的结果），而低能力的基金经理获得低质量的信息。一种可能的均衡结果是：高能力的基金经理根据自己的私人信息决策，而低能力的基金经理忽略自己的信息而模仿别人的行动。兹韦贝尔（Zwiebell，1995）进一步认为，如果基金经理的报酬与他的业绩和其他基金经理的业绩挂钩，那么这种相对业绩激励机制往往会导致低能力的基金经理在进行投资决策时忽略个人的私有信息而模仿其他人的行动；普伦德加斯特、斯托尔（Prendergast C.，Stole L.，1996）指出，只要基金经理对自己的私人信息的可信度不高，他就有模仿被选为基准业绩基金经理行动的倾向，因为偏离基准业绩的投资行为会冒很大的风险。

（3）基于博弈论分析框架的委托—代理理论对声誉模型的思想进行的模型化分析。但把委托—代理理论的方法应用于分析金融市场的羊群效应则始于20世纪90年代。由于管理者和他的雇主之间存在委托—代理关系，于是不可避免地存在“道德风险”和“逆向选择”，因此，对于委托人来说，与管理者之间签订薪酬和业绩相对表现相关联的合同就是最优的。而莫格和奈克（Maug and Naik，1996）认为，如果代理人的报酬取决于与其他管理者相对的业绩表现，那么这就会扭曲代理人的激励机制，并导致无效的投资组合，可能会引发羊群行为。

2.2.3 羊群行为的实证检验

对羊群行为的实证研究主要体现在以下两个方面：

（1）构建检验模型来探求共同基金经理、机构投资者、金融分析师及股评家的羊群行为的存在性。

近年来，尽管关于测度羊群效应的方法和指标不断涌现，但由于难以获取投资者的原始决策数据，对羊群效应的实证研究主要有三个方向：

① 以决策的聚合程度来研究基金经理的行为。检验基金经理羊群效应的常用方法源于拉科尼雪克、施莱弗、维什尼（Lakonishock J.，Shleifer A.，Vishny R. W.，1992）的工作。他们认为在某个时期若一定数量的基金同时买进或卖出某种或某几种股票的次数多于基金随机、独立地交易股

票情况下的次数时，便会发生羊群效应。他们测度羊群效应的指标为：

$$H(i) = \left| \frac{B(i)}{[B(i) + S(i)]} - p(t) \right| - AF(i) \tag{2.1}$$

其中，$B(i)$ 表示某个时期内第 i 只股票的净买基金数目，$S(i)$ 代表某个时期内第 i 只股票的净卖基金数目，$P(t)$ 表示整个市场的净买基金的平均比例。$AF(i)$ 是一个调整因子，表示在没有羊群效应的零假设前提下，$H(i) = |B(i)/[B(i) + S(i)] - p(t)|$ 的期望值（其中 $B(i)$ 服从参数为 $P(t)$ 的二项分布）。若 $H(i)$ 的值显著异于零，则被解释为存在羊群行为。而韦尔奇等（2000）的研究发现基金经理存在显著的羊群行为。

② 以股价分散度为指标，研究整个市场上投资者的羊群行为。最早有学者提出用个股收益率的横截面标准偏离度 CSSD（Cross Sectional Standard Deviation of Returns）指标来研究羊群效应，即在市场出现大的波动时（跌到某一值或涨到某一值），通过市场个股收益标准差的走势来判断股市是否存在羊群效应（Christie W.，Huang R.，1995）。宋军等（2001）比较了中国和美国股市的实证性研究结果，发现中国证券市场的羊群行为强于美国证券市场，并且中美股市都存在市场收益率极低时的羊群行为强于市场收益率极高时。

也有学者采用个股收益率相对于市场收益率的横截面绝对偏离度 CSAD（cross-sectional absolute deviation of returns）并基于限制条件下的资本资产定价模型提出了检验羊群效应的新方法（Chang E.，Cheng J.，Khorana A.，2000）。他们对美国、中国香港、日本、韩国、中国台湾五个股市进行了实证分析，结果表明：作为成熟股市代表的美国股市和香港股市不存在羊群效应，日本股市存在部分羊群效应，而作为新兴股市代表的韩国股市和台湾股市则存在显著的羊群效应。孙培源、施东晖（2002）同样采用此方法，利用 1992 年 1 月 2 日至 2000 年 12 月 29 日的沪、深股市所有个股日收盘价数据，对中国股市的羊群行为进行了研究，结果表明中国股市存在一定程度的羊群行为，且市场上升时的羊群效应比市场下降时的羊群效应强，其原因可能是国内投资者的“追涨”倾向大于“杀跌”倾向。吴福龙、曾勇、唐小我（2003）以机构投资者为研究对象，发现机构投资者也存在着羊群行为。

③ 考察证券分析师和股评家之间的羊群行为。福克斯坦（Falkstein，1996）的研究发现金融分析师羊群行为的存在；格雷厄姆等（Graham et al.，1999）在一个更为正式的框架内建立了基于声誉的羊群效应的理论模型并对股评家的行为进行实证检验，结果发现：羊群行为与股评家的年龄无关，而且预测能力低的股评家更愿意模仿别人的行为；在业内声誉高的股评家容易发生羊群行为；私人信息的高度相关性也易激发股评家之间的观点趋同；但个别股评家的私人信息与公共信息存在显著差异时，股评家之间也会发生羊群行为。而宋军、吴冲锋（2003）通过对中国股评家羊群行为的研究，得出了与格雷厄姆相似的结论：股评家对舆论有明显的羊群行为；当历史收益率增加、市场乐观情绪高涨、股评家预测的一致程度增强、股评家的能力降低、股评家的初始声誉增大时，股评家参与羊群行为的动机增加。

（2）研究羊群行为对资本市场的影响。

羊群行为曾一度被认为是引起金融市场动荡的“罪魁祸首”之一。众多的投资者和基金管理者被指责没有经过“深思熟虑”便盲目“跟风”，正是这种模仿行为导致了价格的剧烈波动并迅速从一个市场传递到另一个市场。羊群效应“推波助澜”的结果可能使整个金融系统陷于崩溃的边缘。

羊群行为对证券市场的影响主要表现为：内幕信息得不到有效揭示（Gervais S.，1996）；引起价格泡沫和股价的异常波动（Wermers R.，1999；Nofsinger J. R.，Sias R. W.，1999；宋军、吴冲锋，2001；何佳、何基报，2006）；引发传染效应，危害金融系统的安全（Cipriani M.，Guarino A.，2003）；银行危机传染效应（Aharony J.，Swary I.，1996；Calomiris C. W.，Mason J. R.，2001），等等。

2.2.4 羊群行为对公司决策及信息披露的影响

与资本市场中的羊群行为受到普遍关注不同，有关管理者决策的文献很少考虑到其会受到同类公司决策的影响。那么，公司管理者是否在财务决策中也存在羊群行为呢？

企业高层管理人员通常被指责在管理理念、投融资决策甚至信息披露上“随波逐流”而显示不出“过人之处”，部分学者认为造成这种现象的原因可能是管理层的决策受羊群行为的影响。赫什莱弗和张（Hirshleifer and Teoh，2004）对这个问题给予了肯定的回答，他明确指出：“在流行的压力下，管理者在管理方法、投资选择和财务报告方式中都很容易愚蠢地随大流。而且相比一般的决策者，管理者由于其所作决策的复杂性和对声誉的更多关注，使其更易产生羊群行为。”

同时，企业投资经营决策过程中都充斥着各种各样的从众型决策。但现有羊群行为存在性的研究中，针对公司决策中的管理者羊群行为研究凤毛麟角。帕特尔、泽克豪泽和亨德里克斯（Patel，Zeckhauser and Hendricks，1991）对此进行了开创性的研究，他们对公司资本结构选择中的羊群行为进行了检验，提出了资本结构的“羊群迁徙行为”假说，即，几乎所有的迁徙动物都会意识到群体迁徙的安全性，并在迁徙中避免过远地离开群体，而公司管理者在对公司资本结构的调整过程中也可能会产生这种羊群迁徙行为。不过管理者也知道，由于公司各自特征的不同，可能存在不同的最优资本结构，尽管个体公司向一个符合公司自身特征的最优债务权益比进行动态调整会有一些好处，但同时也会因为“偏离羊群”（偏离行业均值）而承担额外的成本或受到市场的惩罚。因此，管理者必须在以公司自身特征为基础的最优资本结构带来的收益和偏离群体行业均值的成本之间进行权衡。同时，由于公司管理者无法确定最优资本结构的真实值，而人们在面对不确定性信息时都有“搭便车”的心理倾向，这就促使管理者会模仿行业中大多数人的资本结构，从而导致羊群行为。劳里和施沃特（Lowry and Schwert，2002）的研究发现新股发行（IPO）的决策或多或少与管理者羊群行为有关。连玉君（2006）以发行 A 股的 149 家中国上市公司 1997 ~2003 年年报为数据样本，对我国上市公司经理人在目标资本结构确定过程中可能采取的三种行为模式（羊群行为、追随领头人行为和拍脑袋行为）进行了分析，发现上市公司经理人在确定目标资本结构过程中表现出相对理性的“羊群行为”模式，倾向于向所在行业均值调整其资本结构，并维持资本结构的稳定性。唐国琼和朱伟（2007）将拉科尼雪克、施莱弗、维什尼（Lakonishock J.，Shleifer A.，Vishny R. W.，1992）

衡量从众行为的指标与变数相结合，构建从众解释变量，并将其代入企业融资的多元线性回归模型，对我国 1998～2005 年共计 4 158 家沪深上市公司的年平均数据进行实证分析，发现无论是负债融资还是权益融资，企业之间皆具有从众行为。张维、王雪莹、熊熊、张永杰（2010）通过构建经理人并购决策心理理论模型，论证了“羊群行为”在解释非理性并购中的作用，并在此基础上利用中国股票市场数据进行实证研究，结果显示，行业并购先例较少公司的并购绩效要显著优于行业并购先例较多的公司。同时，在两期的并购决策中，所属商业从未发生并购活动的公司，其并购绩效并未显著优于所属行业曾经发生并购活动的公司。

国外在管理者羊群行为与公司信息披露关系的研究方面起步较晚。尽管会计报告和信息披露决策是在一个有序、多公司的环境下进行的，管理者在做出自己的决策时，不可避免地存在追随他人的羊群行为（Haw I. M.，Qi D.，Wu W.，2000），但现有对于上市公司信息披露决策的研究中，还很少考虑到管理者在进行信息披露决策时受到其他同类公司的影响。即便有研究考虑到了这一点，也只是从产品市场的角度（如披露对其他公司产出水平的影响）而不是从披露政策对金融市场的影响（Clarke R.，1983；Darrough M.，1993；Fried D.，1984；Feltham G. A.，Gigler F. B.，Hughes J. S.，1992）角度考虑。事实上，公司披露决策不仅会考虑产品市场竞争因素，更多地会关注金融市场上的利益。同时，现有研究主要关注年报披露和自愿性信息披露中其他公司的披露决策对公司披露时机的影响。在理论上的研究可以追溯到特鲁曼（Trueman，1990）对年报的披露时间的研究，他认为管理者偏好于在其他同行业的公司公布完年报后才披露自己的年报；而戴伊和斯瑞达（Dye and Sridhar，1995）接下来的研究则发现，一些公司的自愿信息披露会激发其他公司相关的信息披露。之后数年，由于将行为偏差建模颇具难度，此方面理论研究一直没有取得进展。然而，为了构建关于其他公司披露的信息如何影响披露策略进而形成不同披露模式的动态模型，需要参考信息披露时机策略相关研究的思路与方法，故此处加入与此相关的文献作为理论源头一并列出：

布朗、帕尔蒙、瓦尔德（Brown I. E.，Palmon O.，Wald J. K.，2006）以自愿性信息披露中的资本性支出预告信息为研究对象，对戴伊和斯瑞达提出的理论进行了实证检验。发现：单个公司披露资本支出预告信息的概率与同行业中已经披露的公司比率成正相关关系，也即信息披露与否的决策中存在羊群行为，而且资本密集程度较低的公司及所处行业的竞争程度较高的公司的羊群效应更大。而国内学者梁飞媛（2010）以交通运输行业上市公司的资本性支出预告披露为样本，得到了与布朗相似的结论。但上述文献只是关注是否披露的决策，披露时机决策则往往被忽视，现有文献也只是关注年报的披露时间。同时，现有信息披露的羊群行为研究没有对披露信息的内容进行区分。阿查亚、德马佐、克雷默（Acharya V. V., DeMarzo P. M., Kremer I., 2008）在公司市场价值与其他公司披露信息相关且可以在其他公司披露之前披露本公司信息的条件下，构建了一个有关经济及行业状况的外部消息如何影响公司披露时机的动态模型，分析得出：外部经济状态坏消息的披露会加速公司未来的信息披露，增加未来信息披露的概率，进而形成坏消息披露的集聚现象；而外部经济状态好消息的披露则会减少公司未来信息披露的概率，进而好消息的披露相比坏消息披露来说会更趋于分散。尽管他们对信息披露时机决策进行了研究，但是仅考虑了受外部宏观信息影响下的时机选择。谢和塔克（Tse and Tucker, 2009）的研究假设管理者为了减少由于坏消息而分担责任，有在其他同行业的公司公布坏消息时立即跟随其公布坏消息的激励，首次通过实证研究发现信息披露时机决策中存在着管理者的羊群行为。

2.2.5 羊群行为对信息披露时机影响文献的述评

综上可见，目前国内关于信息披露时机决策中的管理者羊群行为的研究尚处于空白阶段，而国外羊群行为在信息披露决策理论方面研究的兴起，从理论上和实证上都打下了一定的基础。

本书将在充分借鉴已有经验的基础上，力求填补国内此方面研究的空白。主要考察以下几个方面的问题：同行业公司披露的信息影响公司信息披露时机决策的机理；我国盈余预告信息披露的时机选择上是否存在管理者的羊群行为，如果是，好消息和坏消息的披露模式有何不同。

2.3 投资者注意力分散与公司信息披露

2.3.1 投资者注意力分散定义

注意力分散是指只能注意到并处理公开信息的一部分，这一问题在心理学上的研究由来已久。卡内曼和特韦尔斯基（Kahneman and Tversky，1973）的研究指出，注意力是一种稀缺的资源，对一项任务注意的同时，则相对来说，就会对另一项任务分散注意力。认知心理学上的Stroop任务实验对此进行了验证，表明：人们在同时处理多个信息和完成多个任务时容易受到相关信息的干扰（Stroop，1935），由此导致任务完成的效果会非常差（McLeod P.，1977；Treisman A.，Davies A.，1973）。彻里（Cherry，1953）、莫里（Moray，1959）、布罗德本特（Broadbent，1958）的双重听力测试及西蒙斯、莱文（Simons and Levin，1997）的选择性注意力的视觉测试实验发现，当人们意识到注意力的有限性后，通常会将注意力选择性地投入到一个场景或一组刺激中，但选择性的注意力会导致视觉盲区。因此，注意力分散是大量信息环境条件下，人们信息处理能力有限的必然结果。

财务和金融领域中的标准模型都假定个体会根据所有可得的信息来做决策，然而，心理学上的文献以及偶尔个案却发现，人们在做决策时往往不能吸收所有相关的信息。认知限制和环境中可得的大量信息都有可能导致有限注意力。近年来行为金融的兴起使得注意力分散开始成为金融领域内的一个热点话题，许多学者对此问题进行了大量研究（De Long J.，Shleifer A.，Summers L.，Waldmann R.，1990；Shleifer，2000；Baker M.，Ruback R.S.，Wurgler J.，2007）。

2.3.2 投资者注意力分散的原因及替代变量

当有更少的竞争性刺激或者信息比较突出及信息更容易处理时，投资者往往会对此有更多的注意力。为了研究有限注意力对市场价格等的影响，近期的研究基于以下几点寻找注意力分散的替代变量：

（1）能使投资者从相关信息中分散注意力的竞争性刺激和信息的突出性以及信息处理过程的容易程度。

从这个角度出发主要是基于投资者注意力分散产生的原因来寻找替代变量。德拉维格纳和波利特（DellaVigna and Pollet，2009）的研究表明，相比其他周历，周五公布的信息由于是一周中的最后一个工作日而受到较低的关注。相比收盘期，投资者在开盘期更会注意公司盈余情况（Francis J.，Pagach D.，Stephan J.，1992；Bagnoli M.，Clement M.，Watts S.，2005）；赫什莱弗、利姆和张（Hirshleifer D.，Lim S.，Teoh S.，2009）研究发现，竞争性信息的出现也会降低或分散投资者的注意力。卡尔松、勒文斯坦和塞比（Karlsson，Loewenstein and Seppi，2009）的研究表明，相比向下的市场，在市场向上的时候，投资者会更密切关注股票市场。鉴于此，有学者用交易量和市场状态作为投资者注意力分散的替代变量，检验了投资者注意力在市场反应不足和市场过度反应中的作用，发现：在股票交易量低和市场向下时，对盈余信息的反应显著不足，从而表明投资者更多的注意力会导致对信息的及时反应更迅速（Hou，Peng and Xiong，2006）。

（2）描述投资者注意力程度的相关变量，如交易量和网络搜索量等。

从这个角度出发主要是基于投资者注意力分散导致的后果出发来寻找替代变量。伯纳德和托马斯（Bernard and Thomas，1989）对认知心理学上的投资者注意分散与盈余公告信息价格反应的关系进行了开创性的研究，发现如果一些投资者对盈余公告的注意力是分散的，则会导致投资者信息吸收的不充分，进而对盈余公告消息的价格反应不足。基于此，用交易量、累计超额收益及网络搜索量来作为替代变量。三者具体的衡量方法如下（DellaVigna S.，Pollet J.，2009；Da Z.，Engelberg J.，Gao P.，2010）：

① 异常交易量的度量为：

$$\Delta v_{t,k}^{(h,H)} = \sum_{u=h}^{H} \log \frac{(V_{t,k}^{u})}{(H-h+1)} - \sum_{u=-20}^{-11} \frac{\log(V_{t,k}^{u})}{10} \tag{2.2}$$

其中，$v_{t,k}^{(h,H)}$ 为公司 k 在第 t 年度盈余公告日前后的交易量。$\Delta v_{t,k}^{(h,H)}$ 为公司 k 在第 t 年度盈余公告日后（h，H）的异常交易量。交易量越小，表明投资者对于盈余公告信息的及时反应越小，投资者注意力分散的程度越大，反之则反是。

② 累计超额收益（CAR）的度量为：

$$CAR = \sum_{t=0}^{t=1} AR_i \tag{2.3}$$

其中，超额收益 AR 的估计采用市场调整模型，为：

$$AR_i = r_i - r_m \tag{2.4}$$

r_i 表示公司 i 的日收益率；r_m 表示现金红利再投资的深沪综合日市场等权平均收益率。在其他条件相同的情况下，累积超额收益率越大，表明投资者对于盈余预告信息的及时反应越大，投资者注意力分散的程度就越小。反之则反是。

③ 异常网络搜索量（ASVI）的度量为：

$$ASVI_t = \log(SVI_t) - \log[med(SVI_{t-1}, \cdots, SVI_{t-8}] \tag{2.5}$$

其中，$\log(SVI_t)$ 表示第 t 周的网络搜索量的对数，而 $\log[med(SVI_{t-1}, \cdots, SVI_{t-8}]$ 是前八周中网络搜索量的中位数的对数。异常网络搜索量越大，说明对此信息的关注程度越高。

2.3.3 投资者注意力分散对证券市场的影响

自伯纳德和托马斯（1989）对投资者注意力分散与盈余公告信息价格反应的关系进行了开创性的研究后，越来越多的学者在投资者注意力分散的框架下研究市场效率、资产价格、市场交易及注意力的分配等问题，取得了具有重要价值的研究成果。具体体现在以下几个方面：

（1）投资者注意力分散对资本市场效率的影响还没有形成一致结论。通常认为投资者充分处理信息时证券市场的效率会更高。然而也有学者的研究表明，投资者更强的注意力反而可能会加剧投资者行为偏差对市场价格的影响，导致一个低效率的市场，比如说过度自信投资者的高度重视将会放大过度自信的影响等（Hou K.，Peng L.，Xiong W.，2006；Da Z.，Engelberg J.，Gao P.，2010）。

（2）注意力在个人决策者买进和卖出的交易中的作用不对称（Barber

B.，Odean T.，2008)，由于卖空限制，其在买进的决策中扮演着更为重要的角色，因为当购买一只股票时，投资者需要搜索成千上万只股票，而由于卖空限制，在卖出一只股票时，则往往只关注少数几只股票。西肖尔斯和吴(Seasholes and Wu，2007)，赫达德、朗、耶特曼（Huddart S.，Lang M.，Yetman M，2009）等的实证研究从不同层面为此结论提供了额外证据。

（3）关于投资者注意力对股票价格影响（Hong H.，Stein J.，1999；Daniel K.，Hirshleifer D.，Teoh S.，2002)，德拉维格纳和波利特（DellaVigna and Polllet，2009）的研究发现，投资者注意力分散会影响股票的收益，其所造成的对盈余信息的反应不足是盈余公告漂移的一个重要原因。同时，资本市场中关于多重信息对投资者注意力以及市场价格影响的研究揭示，充分处理信息可以减少资产回报波动的序列相关性（Peng L.，Xiong W.，2006）与公开可利用的信息相联系的误定价（Hirshleifer D.，Lim S. S.，Teoh S. H.，2004)，降低过度的资产价格的共同运动（Peng L.，Xiong W.，2006)，以及减少对长期的公开信息忽视（DellaVigna S.，Pollet J.，2009)。还有部分研究表明，投资者对信息的充分利用可以降低盈余公告后的漂移（于李胜，王艳艳，2010)，而注意力分散则会导致投资者信息吸收不充分，从而导致盈余公告时市场对股价反应不足，盈余公告后的漂移更强烈。

（4）在分配注意力方面，彭（Peng，2005）的研究得出投资者对于较大的基本波动率的资产分配更多的注意力，因此，这些股票会以更快的速度吸收基本冲击，同时对于外部的公告表现出更小的波动性。在有的学者的研究中，将企业公告的信息分成市场层面、板块层面和公司层面三个部分，他们的模型表明，注意力的有限性使得投资者将更多的注意力分配到市场和板块层面的信息，而忽视了公司层面的信息（Peng L.，Xiong W.，2006)。

2.3.4 投资者注意力分散对公司决策及信息披露的影响

投资者注意力分散对资本市场的各个方面都会产生重要影响，关心公司发展及其个人发展的管理者在做出公司决策时就应该考虑投资者的注意力分散因素。然而，将注意力分散这一概念引入公司决策尤其是信息披露决策的研究，却只有极短的历史，此领域的研究较为稀少。

在是否披露的决策中，管理者会有一个披露的临界值，如果低于这个临界值，则会不披露信息。赫什莱弗、林姆和张（Hirshleifer, Lim and Teoh, 2004）在他们构建的知情者（如管理者）决定是否对有限注意力的投资者披露信息的模型中认为：由于有限注意力，投资者要么没有对披露的信号高度注意，要么对没有披露的含义予以注意。由于发生的事件比没有发生的事件更突出，因此，对于披露的信息的注意力较不披露的注意力要更强。既而模型得出：当投资者对披露的信息分配更多的注意力时，将会有更少的信息披露，而当投资者对没有披露的内涵给予更多的注意力的时候，将会有更多的披露。他们的模型检验了投资者有限注意力对信息披露水平的影响，但并没有考察投资者注意力分散与上市公司信息披露时机选择的关系。

2.3.5 投资者注意力分散对信息披露时机影响文献的述评

综上所述，投资者注意力分散理论在公司信息披露领域尚属起步阶段，存在大量的研究空白。但是，投资者注意力理论在资本市场等方面研究的成功兴起，不论从理论上还是在实证上都打下了一定的基础，研究投资者注意力分散与上市公司信息披露关系的研究还大有可为。未来研究可以考虑充分借鉴已有经验，努力填补国内此方面的空白。比如：投资者注意力分散是否会影响以及如何影响上市公司信息披露时机的选择；管理者为了减少股价的剧烈波动，是否会倾向于在投资者注意力分散的时候公布坏消息；投资者注意力分散是否是信息尤其是坏消息集中披露的一个重要原因，等等。

第3章

我国上市公司业绩预悲披露的“群聚”现象

国内外学者对上市公司年报披露时机的特点进行了研究，但由于预告信息本身的特点、我国预告信息披露制度的出现较晚且制度还不太完善等因素，使得鲜有研究对预告信息披露时机的特点进行考察。因此，本书以预告信息为研究对象，试图发现盈余预告信息披露时间所呈现出的特点。

3.1 我国盈余预告制度简介

3.1.1 我国盈余预告制度的演进历程

我国盈余预告制度虽然起步较晚，但自监管部门于1998年12月9日首次推出年报预亏制度至今，已经取得了一定的成果。如定期报告披露期限的不断缩短，盈余预告和业绩快报的引入等。下面我们简要回顾中国盈余预告制度发展的全过程。

1. 制度发展初期

1998年以前，中国对上市公司在其持续经营期间预告经营业绩没有任何规定和要求。每到年报、半年报发布期间，证券市场上的信息（包括虚假信息）漫天飞，不利于保护投资者的利益。为此，中国证券市场监督管

理部门在借鉴国外预测性信息披露经验的基础上，于1998年推出了上市公司盈余预告制度，并逐步加以完善。

1998年12月9日，中国证监会在《关于做好上市公司1998年度报告有关问题的通知》中规定：“如果上市公司发生可能导致连续3年亏损或当年重大亏损的情况，应当根据《股票发行与交易管理暂行条例》第六十条的规定，及时履行信息披露义务”，即应当在年报公布前发布预亏公告。这是中国证券市场上首次实施公司股票上市后持续经营期间的盈余预告制度。中国上市公司盈余预告制度从此拉开了帷幕。

2000年12月18日，沪深证券交易所在《关于做好上市公司2000年年度报告工作的通知》中规定：“在2000年会计年度结束后，如果上市公司预计可能发生亏损，应当在两个月内发布预亏公告，如果预计出现连续三年亏损，应当在两个月内发布三次预亏公告”。此次制度的变化将盈余预告的对象扩大到预计可能发生亏损的上市公司，并将披露预亏公告的期限明确限定在会计年度结束后两个月内。

2. 制度的基本成型阶段

2001年7月4日，沪深证券交易所在《关于做好2001年中期报告工作的通知》中规定：“如果预计2001年中期将出现亏损或者盈利水平出现大幅下降的，上市公司应当在7月31日前及时刊登预亏公告或业绩预警公告。暂停上市公司应当在上半年结束后十五个工作日内刊登预亏公告”。该通知一是增加了对半年度业绩进行预告的要求；二是从过去只预亏发展到既预盈也预警，要求盈利水平同比出现大幅度下降的公司也必须进行预告。

2001年12月21日，证券交易所发布的《关于做好上市公司2001年年度报告工作的通知》中规定：“在2001年会计年度结束后，如果上市公司预计可能发生亏损或者盈利水平较上年出现大幅变动的（利润总额增减50%或以上），上市公司应当在年度结束后30个工作日内及时刊登预亏公告或业绩预警公告。比较基数较小的公司（一般指上年每股收益的绝对值在0.05元以下的公司）可以豁免披露业绩预警公告”。通知增加了对业绩预告的规定，给出了业绩水平大幅波动的量化标准；增加了预告披露的豁免条款；进一步扩大了预告类型，将盈利水平大幅度上升的情形也列入预告范畴。

3. 制度的完善阶段

2002年3月27日，沪深证券交易所分别颁布《关于做好上市公司2002年第一季度报告工作的通知》，通知规定：“上市公司预计2002年中期可能发生亏损或者盈利水平较去年中期出现大幅增长或下滑（利润总额增减50%或以上）的，应在季报中做专门说明，比较基数较小的公司（一般指去年中期每股收益的绝对值在0.03元以下）可以豁免此项披露”。2002年6月27日，沪深证券交易所发布的《关于做好2002年半年度报告工作的通知》中规定：“上市公司预测第三季度经营成果可能为亏损或者与上年第三季度报告（若上年未披露则此项可免）相比发生大幅度变动的（一般指净利润或扣除非经常性损益后的净利润与上年同期相比上升或下降50%或50%以上），应当在管理层的讨论与分析中予以警示”。

之后不久，沪深证券交易所于2002年9月28日进一步要求上市公司在第三季度报告中对公司全年经营业绩进行预告，从而确立了“前一季度预告后一季度业绩”的新规则。2003年间，业绩预告制度几乎没有变化，但增加了不同预测期间豁免条款的限制。至此，中国上市公司盈余预告制度基本健全。

4. 制度的创新阶段

在2004年的年报披露中，深圳证券交易所在中小企业板中首次引入强制性业绩快报制度。要求：年报预约披露时间在2005年3月和4月的中小企业板上市公司，应当在2005年2月28日之前披露年度业绩快报，披露公司的主要业绩数据和指标，同时披露比上年同期增减变动的百分比，对变动幅度超过30%以上的项目，应说明原因。为保证所披露的财务数据不存在重大误差，公司发布的年度业绩快报数据和指标应当事先经过公司内部审计程序。由于中小企业板公司规模相对较小，在年报编制方面没有主板复杂，年度业绩快报制度在操作上具有一定可行性。同时，上海证券交易所也专门发出通知鼓励上市公司发布业绩快报。

2005年年报通知中规定，上市公司预计2005年度净利润为负值或者业绩与2004年度相比大幅度变动，但未在2005年第三季报中进行业绩预告，或者预计2005年度业绩与已披露的业绩预告差异较大的，应当及时披露业绩预告修正公告，但公告时间最迟不得晚于2006年1月25日。预计公司将出现最近三年连续亏损情形的，上市公司还应在披露2005年年度报告前至少再发布两次预亏公告。

因此，中国上市公司盈余预告制度，在二级市场上经历了从不披露任何盈余预告信息，到只单独发布预亏公告，到单独发布预亏、预警、预盈和预增公告，最后增加到要求在年度和中期报告中披露前瞻性财务信息的过程。

3.1.2 我国盈余预告披露制度的特点

从我国盈余预告披露制度的发展历程中，我们可以看出我国盈余预告披露制度呈现出的一些特征如下①：

1. 自愿披露与强制披露并存

中国深沪证券交易所发布自律性规范文件强制要求上市公司进行信息披露，并设置了披露的“门槛”。但是，细看上市公司信息披露的具体内容，除了披露交易所强制规定的内容外，相当一部分上市公司还对盈余状况做了一定程度的自愿披露，如对盈利变动的趋势进行定性披露，披露预告盈余的具体明确数值，对公司未来前景做出描述等。因此，中国上市公司的盈余预告披露是以强制性披露为主、自愿性披露为辅。

2. 预告方式逐步递进

预告方式的变化主要体现在：首先，预告的间隔区间越来越短，从年报扩展到中报和季报，业绩修正报告或业绩快报；其次，预告的覆盖面不断扩大，从最初的仅要求预计可能发生亏损的上市公司发布预告，到涵盖了投资者所关心的多种业绩变动情况，如：预亏、预警和业绩大幅变动等

① 张维迎：《我国上市公司业绩预告状况研究》，载《中国对外贸易》2002年第9期。

多种业绩变化预告类型；最后，盈余变动的衡量标准不断细化，从最初的亏损与否，到以利润总额和净利润总额或扣除非经常性损益后的净利润总额为基准，提高了预告信息的相关性和有用性。

3. 预告时间安排推陈出新

在盈余预告的时间安排方面，2002 年以前，中国上市公司盈余预告以临时报告的形式披露。从 2002 年开始，监管部门要求上市公司在上一季度预告下一季度业绩是否出现亏损或者大幅变动，并要求将盈余预告信息与定期财务报告一并发布，从此确立了间隔性预告新规则。

4. 预告的表现形式多样

在盈余预告披露的表现形式上，有定性表述、定量表述以及一些辅助性陈述。定性的表述表现为，如管理当局对外公布的“中期利润预计大幅度下滑”、“下一季度利润预计会大幅度增加”等陈述；定量的表述中，预告的盈余数据以数值方式出现，可能是具体明确的数值，也有可能是较模糊的表达形式；此外，还有一些辅助性陈述，包括对所有作为预告数据来源的重要预测假设、编制基础及采用的会计政策做出的披露。

3.1.3 盈余预告中的名词界定

1. 盈余预告消息的定义

盈余预告信息分为业绩预悲信息和业绩预喜信息，其中，业绩预悲是指盈余预告的类型为：“续亏”、“首亏”、“预减”、“略减”的情形；而业绩预喜是指盈余预告的类型为“续盈”、“扭亏”、“略增”、“预增”的情形。分别定义如下：

续亏——上年同期亏损，预告期亏损；

首亏——上年同期盈利，预告期亏损；

预减——上年同期盈利，预告期盈利降幅大于 50% 或明确表示业绩将有“大幅下降”；

略减——上年同期盈利，预告期盈利降幅小于50%或使用“较大幅度下降”，“一定幅度下降”等描述语言；

续盈——上年同期盈利，预告期盈利（增加或减少不定，幅度不定）；

扭亏——上年同期亏损，预告期盈利；

略增——上年同期盈利，预告期盈利增幅小于50%或使用“较大幅度增长”，“一定幅度增长”等描述语言；

预增——上年同期盈利，预告期盈利增幅大于50%或明确表示业绩将有“大幅增长”。

2. “群聚”的定义

群聚效应——是一个社会动力学的名词，用来描述在一个社会系统里，某件事情的存在已达至一个足够的动量，使它能够自我维持，并为以后的成长提供动力。

以一个大城市简单举例：若有一个人停下来抬头望天，没有人会理会他，其他路过的人会照旧继续他们要做的事情。如果有三个人停了下来抬头望天，可能会多几个人停下来看看他们在做什么，但很快又会去继续他们原来的事。但假若街上抬头望天的群众增加至5～7人，这时，其他人可能也会好奇地加入，看看他们到底在做什么。这个令群众行为转变的数量，叫作“临界量”或“转折点”。

群聚现象——群聚一词来源于社会学，指很多人聚在一起。本书中是指很多公司选择在同一时间段进行信息披露，结果导致这一时间区间披露的信息非常之多，继而形成信息披露的“群聚”现象。

两者的关系是，群集效应会导致群聚现象，但群聚现象却不一定就是群聚效应所引起。

3.2 我国上市公司盈余预告信息披露时机特点

尽管有研究对盈余公告的集中披露现象予以了揭示，但是对于预告信息的披露时间特点的集聚现象还没有人提及。那么，预告信息的披露是否会像年报的披露那样呈现出集中披露的特点呢？本书以我国上市公司2003～2008年的各季报、中报和年报中的12 552个业绩预告信息为样本，对盈余预告信息披露的时间特点予以分析。Wind金融数据库中的业绩预告信息的样本形式如附录中附表1所示。

3.2.1 盈余预告信息总样本的披露时间特点

1. 盈余预告信息披露时间的基本统计

本书主要从盈余预告信息所处周历、月份、季度、年份、每日盈余预告的数量来进行统计，结果如表3－1所示。

表3－1　　12 552个盈余预告信息的时间分布

A栏　盈余预告信息的季度分布							
季度	第一季度	第二季度		第三季度		第四季度	
频数	1 682	3 355		4 031		3 484	
B栏　盈余预告信息的周历分布							
周历	星期一	星期二	星期三	星期四	星期五	星期六	
频数	1 021	2 558	2 279	2 164	2 383	2 147	
C栏　盈余预告信息的月度分布							
月份	1月份	2月份	3月份	4月份	5月份	6月份	
频数	1 324	188	170	3 033	33	289	
月份	7月份	8月份	9月份	10月份	11月份	12月份	
频数	1 507	2 351	173	3 299	31	154	
D栏　盈余预告信息的年度分布							
年份	2003	2004	2005	2006	2007	2008	2009
频数	1 257	1 748	1 878	1 901	2 522	2 824	416

从表3－1中我们可以看出：各季度的盈余预告信息数量有所不同；而从预告信息的周历分布来看，周一公布的信息数量最少，周二最多；从发布信息所处的月份来看，公布信息最多的月份是10月份和4月份，主要是因为4月份既有年报披露又有季报披露，而10月份主要是第三季度季报要

在10月底披露结束，所以大量的公司披露集中在4月份和10月份；而从各年度披露的信息数量中我们可以得出我国的盈余预告信息披露的水平有明显的提高。

同时，我们对每日盈余公告的数量也进行了统计，具体如表3-2所示。

表3-2　　每日盈余公告的数量统计

数量	频数	百分比	累计百分比	数量	频数	百分比	累计百分比
1	249	1.98	1.98	26	234	1.86	56.11
2	266	2.12	4.1	27	270	2.15	58.26
3	258	2.06	6.16	28	84	0.67	58.93
4	292	2.33	8.48	29	87	0.69	59.62
5	205	1.63	10.12	30	210	1.67	61.3
6	240	1.91	12.03	31	310	2.47	63.77
7	217	1.73	13.76	32	160	1.27	65.04
8	328	2.61	16.37	33	231	1.84	66.88
9	306	2.44	18.81	34	68	0.54	67.42
10	290	2.31	21.12	35	105	0.84	68.26
11	341	2.72	23.84	36	180	1.43	69.69
12	324	2.58	26.42	37	222	1.77	71.46
13	286	2.28	28.7	38	38	0.3	71.77
14	350	2.79	31.49	39	39	0.31	72.08
15	330	2.63	34.11	40	160	1.27	73.35
16	336	2.68	36.79	41	205	1.63	74.98
17	306	2.44	39.23	42	210	1.67	76.66
18	252	2.01	41.24	43	215	1.71	78.37
19	247	1.97	43.2	44	132	1.05	79.42
20	300	2.39	45.59	45	135	1.08	80.5
21	231	1.84	47.43	46	46	0.37	80.86
22	286	2.28	49.71	47	94	0.75	81.61
23	276	2.2	51.91	48	192	1.53	83.14
24	168	1.34	53.25	49	147	1.17	84.31
25	125	1	54.25	50	100	0.8	85.11

续表

数量	频数	百分比	累计百分比	数量	频数	百分比	累计百分比
51	51	0.41	85.52	62	186	1.48	93.65
52	156	1.24	86.76	63	126	1	94.65
53	106	0.84	87.6	67	134	1.07	95.72
55	110	0.88	88.48	68	68	0.54	96.26
56	56	0.45	88.93	70	140	1.12	97.38
57	228	1.82	90.74	71	71	0.57	97.94
58	58	0.46	91.2	73	146	1.16	99.11
60	60	0.48	91.68	112	112	0.89	100
61	61	0.49	92.17	Total	12 552	100	

2. 盈余预告数量的描述性统计

表3－3对盈余预告的日预告数量分布、季度分布、周分布、月分布及年分布情况进行了描述性统计。统计结果如表3－3所示。

表3－3　　每日盈余预告数目的描述性统计

A栏　日盈余预告数量分布						
平均值	标准差	10%分位数	25%分位数	中位数	75%分位数	90%分位数
27.90105	20.43633	5	12	23	42	57

B栏　盈余预告的季度公告数				
季度	第一季度	第二季度	第三季度	第四季度
中位数	11	30	16	39
平均值	26.23662	31.16095	17.93178	37.09989

C栏　盈余预告的周公告数						
周历	星期一	星期二	星期三	星期四	星期五	星期六
中位数	16	26	22	20	23	26
平均值	20.94123	28.8147	27.11321	27.28373	31.02686	28.11132

D栏　盈余预告的月公告数						
月份	1月	2月	3月	4月	5月	6月
中位数	19	4	2	32	1	4
平均值	32.30665	4.43617	3.070588	33.93307	2.090909	5.387543

续表

D栏　盈余预告的月公告数						
月份	7月	8月	9月	10月	11月	12月
中位数	12	19	4	40	1	3
平均值	16.84738	19.56742	5.150289	39.03213	1.516129	2.87013

E栏　盈余预告的年公告数							
年份	2003	2004	2005	2006	2007	2008	2009
中位数	19	21	22	19	25	27	49
平均值	20.30151	22.42334	24.36954	24.37507	29.56225	33.59348	57.52404

从日盈余预告的数量分布来看，季度盈余预告中的日公告数的均值为27.90105，中位数是23，形状呈现正偏分布。公告数量在不同分位上的分布差异较大，这说明每日盈余公告的数量存在较大的波动性。在10%分位上，平均每日公告的数量是5家，而90%分位数，平均每日公告的数量是57家；从每季度的盈余预告的数量来看，我们发现，第二季度和第四季度每日同时披露公告的公司数目最多，分别为31和37；从每周内盈余预告数量来看，主要分布在周二至周六，而以周一公告的最少，平均约为20.94123家，周六平均每日约为28.11132家；按月统计，我国的盈余预告主要集中在4月和10月；按年统计，我们发现除2006年外，我国盈余预告的数量逐年增加，从2003年的20次变为2009年的将近57次，这也说明我国的盈余预告制度在不断完善。

3.2.2 盈余预告信息总样本的群聚现象分析

为了分析盈余预告信息披露的时间特点，我们定义一个新变量Timeduring，以财政季度结束日作为基准参照点，Timeduring表示的是财政季度结束日到业绩预悲公告日的天数，通过对Timeduring的分析考察盈余预告信息披露时间的特点。Timeduring的频数统计表及图分别如表3－4和图3－1所示。

表 3 – 4　　总样本的 Timeduring 频数统计

持续时间的区间	频数	百分比
[–331　–78]	119	0.95
[–77　–61]	4895	38.77
[–60　–30]	2305	18.18
[–29　–1]	606	4.81
[0　31]	4170	32.56
[32　118]	457	3.66
汇总	12 552	100

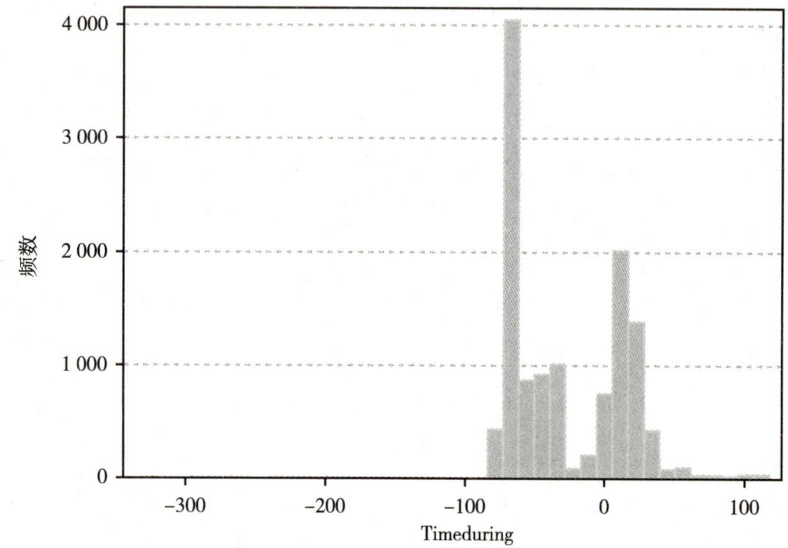

图 3 – 1　Timeduring 的频数统计

首先，从横截面来看，Timeduring 的统计（见表 3 – 4）及频数图（见图 3 – 1）表明，盈余预告信息披露的时间主要集中在两个区间：其中，32.56% 的样本在财政季度结束后的一个月内进行了披露，57.95% 的样本的披露发生在财政季度第一月中旬开始后的两个半月中，两者之和占了总样本的 90.51%。

因此，从横截面来看，我国盈余预告信息披露的群聚现象相当严重。

其次，我们选取 5 个主要行业的盈余预告时间进行了研究，它们所处行业的分布如图 3 – 2 所示。

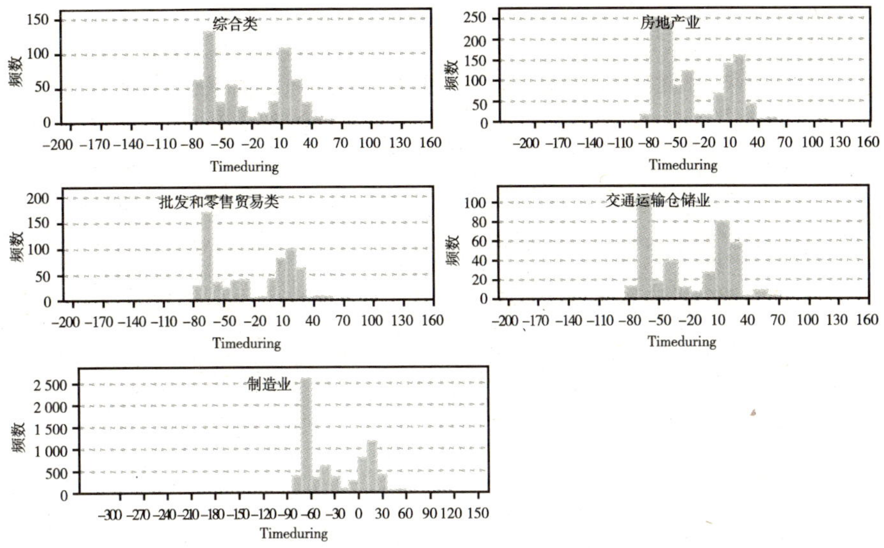

图 3-2 主要行业的 Timeduring 频数统计

我们对这五个行业的样本的情况进行了统计（如表 3-5 所示），这五个行业的样本数占到了总预悲公告的 0.799%，因而这五个行业具有一定的代表性。

表 3-5　　5 个主要行业的业绩预悲公告数统计

行业	综合类	房地产业	批发和零售贸易	交运仓储业	制造业	合计
样本数	574	1 187	668	378	7 224	10 031

从行业来看，它们的 Timeduring 频数图表明：上市公司盈余预告信息的集中披露现象非常明显，尽管群聚现象在不同的行业有不同的表现。不同行业的上市公司业绩预悲公告集中于不同的时间段，集中的程度也存在不同。如综合类中，频数最多的两个披露时间区间是（-65，-53）和（7，19），频数分别为 125 和 108；而制造业也主要集中在一个区间中，而这区间中的样本数几乎占到了总样本的一半。

因此，通过上面对我国上市公司的业绩预告信息的分析统计及盈余预告持续时间的统计分析，我们发现我国上市公司盈余预告信息的集中披露现象非常明显。

3.3 业绩预悲信息与业绩预喜信息披露时机特点比较分析

第3.2节我们对总的12 552个盈余预告信息的分布情况进行了分析，这一节我们将对盈余预告信息分类，将其分为业绩预喜信息组和业绩预悲信息组，其中好消息组有7 217个样本，而坏消息组有5 135个样本①。在分组的基础上，分别分析它们各自的披露时间分布，同时，对它们披露的群聚程度进行比较。

3.3.1 业绩预悲信息与业绩预喜信息披露时间比较

对于披露时间的基本情况我们主要从公告所处的季度、周历、月份以及年份来进行考察，好消息和坏消息披露时间的基本情况比较如表3-6所示。

表3-6　业绩预喜信息和业绩预悲信息的时间分布比较

A栏　季度分布比较

季度	第一季度	第二季度	第三季度	第四季度
好消息	1 007	1 877	2 227	2 106
坏消息	669	1 415	1 723	1 328

B栏　周历分布比较

周历	星期一	星期二	星期三	星期四	星期五	星期六
好消息	624	1 609	1 363	1 281	1 361	979
坏消息	385	911	878	846	980	1 135

① 此次业绩预喜信息样本数加上业绩预悲信息样本数之所以不等于总的业绩预告样本数，是因为在业绩预告样本中，信息的类型有“不确定”和“其他”的情况，这两种无法确定公布信息所属的类型。

续表

C栏　月度分布比较						
月份	1月份	2月份	3月份	4月份	5月份	6月份
好消息	762	129	116	1 669	13	195
坏消息	557	58	54	1 304	17	94
月份	7月份	8月份	9月份	10月份	11月份	12月份
好消息	963	1 167	97	1 984	24	98
坏消息	531	1 118	74	1 268	6	54
D栏　年度分布比较							
年份	2003	2004	2005	2006	2007	2008	2009
好消息	627	1 105	828	1 016	1 744	1 742	151
坏消息	568	624	1 042	874	700	1 060	265

从表3-6中我们可以看出，好消息和坏消息的披露时间分布特征在季度分布、月份分布以及年度分布上都与表3-1中的总样本的时间分布特点大致相同，在此不再重复说明。但在周历分布上稍有不同，其中，好消息以周二和周三最多，坏消息以周六和周五最多。

3.3.2　业绩预悲信息与业绩预喜信息披露群聚程度比较

1. 每日盈余预告数量的比较

表3-7是业绩预悲信息（也即坏消息）和业绩预喜信息（也即好消息）的每日盈余预告数量的描述性统计。

表3-7　　业绩预悲与业绩预喜的每日盈余预告数目的描述性统计

A栏　日盈余公告数量分布						
平均值	标准差	10%分位数	25%分位数	中位数	75%分位数	90%分位数
好消息 26.47333	20.01137	5	11	21	41	57
坏消息 29.88121	20.96347	6	14	26	43	57

续表

B栏　周公告数目							
周历		星期一	星期二	星期三	星期四	星期五	星期六
好消息	中位数	13	23	21	19	21	24
	平均值	18.9199	28.2051	25.7894	25.8329	28.4041	27.5475
坏消息	中位数	17	30	27	25.5	26	27
	平均值	24.0805	29.7684	29.3576	29.3771	34.6143	28.6335

从表3-7中日盈余预告信息的数量分布我们可以看出，好消息的日平均盈余预告数量为26，而坏消息的日平均盈余预告的数量则接近30。同时，我们还对两者的差异进行了显著性检验，发现坏消息每日盈余预告信息的数量显著大于好消息每日盈余预告消息的数量。

从表3-7中盈余预告的周公告数量分布我们看出，好消息在周五公布的平均数量为28，而坏消息在周五公布的平均数量则将近35。

因此，从表3-7中我们可以得出：坏消息集中披露的程度要高于好消息。

2. 盈余预告披露持续时间比较

表3-8是业绩预悲信息（也即坏消息）和业绩预喜信息（也即好消息）的信息披露持续时间Timeduring的频数统计表。

表3-8　　Timeduring的频数统计比较

业绩预悲信息			业绩预喜信息		
Timeduring的值	频数	百分比	Timeduring的值	频数	百分比
[-331　-78]	29	0.58	[-297　-78]	89	1.03
[-77　-61]	1 973	38.42	[-77　-61]	2 810	38.69
[-60　-30]	1 083	21.01	[-60　-30]	1 152	15.73
[-29　-1]	196	3.86	[-29　-1]	407	5.61
[0　31]	1 629	31.75	[0　31]	2 528	34.39
[32　118]	225	4.38	[32　118]	231	2.95
汇总	5 135	100	汇总	7 217	100

从表3－8中我们可以看出，业绩预悲信息披露的时间主要集中在两个区间：其中，31.75%的样本在财政季度结束后的一个月内进行了披露，59.43%的样本的披露发生在财政季度第一月中旬开始后的两个半月中，两者之和占了总样本的91.18%。而业绩预喜信息披露的时间尽管也都集中在这两个区域，但是，这两个集中区间的样本比例只占到了总样本的88.71%。

因此，这也进一步说明了相比业绩预喜信息，业绩预悲信息的集中披露程度更高。

3.4 本章小结

本章以我国信息披露制度当中的盈余预告制度的发展历程为切入点，对我国盈余预告制度的特点进行了归纳，并对盈余预告中的相关名词进行了界定。继而以我国上市公司2003～2008年的各季报、中报和年报中的12 552个业绩预告信息为样本，对盈余预告信息披露的时间特点进行了分析。通过分析我们发现：我国上市公司的盈余预告信息的集中披露现象较为严重。

同时，我们将总样本分为业绩预喜信息组和业绩预悲信息组，并对各自的披露时间分布情况进行了统计，发现在披露的季度、月份和年份分布上基本相同，但两者在周历分布上则有明显的不同，好消息以周二和周三最多，坏消息以周六和周五最多。同时，我们对这两组不同性质的信息披露的群聚程度进行了比较，发现相比业绩预喜信息，业绩预悲信息披露的群聚现象更为严重。

那么，是什么原因导致了群聚现象同时又导致不同性质的信息披露群聚程度的不同呢？在接下来的章节中，我们将对此问题进行回答，分别从管理者羊群行为和投资者注意力分散这两个维度进行展开。

第4章

管理者羊群行为对信息披露时机决策影响的理论分析

学者们对业绩披露公司行为的研究较多，但较少考虑管理者在进行信息披露决策时受到其他同类公司的影响。事实上，会计报告和信息披露决策都是在一个有序、多公司的环境下进行的。管理者在做出自己的决策时，不可避免地存在追随他人的羊群行为。

在本章中，我们构建在管理者信息披露决策受到其他同类公司的影响情况下的信息披露时机决策模型，分析其他公司信息披露的性质和时间如何影响公司的披露时机选择。

4.1 信息披露过程中管理者羊群行为的作用机理

管理者羊群行为的产生既受社会文化差异、制度和任务难易程度的影响，也被特定的相关经济动因所驱使。因此，本节将从这两个维度来阐述管理者羊群行为产生的机理。

4.1.1 管理者羊群行为产生的制度文化背景

从社会心理学角度来说，任务难度、群体特征、同伴压力、反应性质、群体大小等都会影响羊群行为的发生及其程度，而社会文化差异和任

务难易程度是这些因素当中影响羊群行为发生可能性和程度的重要因素。

（1）社会文化差异上。社会文化差异主要指个体主义文化和集体主义文化的差异，邦德和史密斯（Bond and Smith，1996）对133项从众研究进行了元分析后发现，集体主义文化之下更容易出现从众，而且文化对于从众的影响效果要远远大于诸如群体规模、刺激清晰程度等其他因素。我国属于典型的集体主义文化，强调与社会群体保持联系，特别强调一致性，要求个人与组织保持高度一致，小到一个家庭，大到国家，都不欢迎与组织相左的思想。一旦有人提出异议，则被认为是离经叛道。对于与组织共识相左的信息或证据都加以抨击，并对提出异议的成员进行谴责、孤立，甚至驱逐。于是，为了不成为组织的“背叛者”，每位成员在表示意见前，会先审度此意见是否符合组织共识，从而形成羊群效用。因此，特别强调一致性使得羊群行为更易出现。

同时，儒家思想尤其是儒家中庸思想也为羊群行为提供了土壤。儒家思想一直是影响我国文化发展的主导思想，像中庸、和为贵、言不由衷等。儒家的中庸思想要求人们不要有过激的行为，凡事都采取折中的态度，避免与人起冲突，强调人际关系的和谐。因此，在中庸之道在管理者决策中盛行的时候，往往会导致跟随别人的羊群行为。

（2）任务难度上。任务难度较高，所呈现的刺激模糊不清时，个体顺从社会压力的倾向就较高，羊群行为更容易发生（Coleman J. S.，1958），因为在模糊的情境下，人们对自己的判断缺乏信心而更愿意跟随其他人的决策。信息披露时机决策属于公司的重大决策，由高层管理者进行决策，是一个庞大而复杂的系统工程，其模糊性和难度水平比起一般决策相对较高，信息获取的难度和获取成本使管理者在决策中更有可能相信和借鉴别人的行为中所含的“信息”，从而产生羊群行为。而我国的业绩预告制度虽然已经建立，但实际上并没有一个理论可以明确地用于指导公司何时进行业绩预悲披露。财务报告的低要求、会计的低标准、市场环境的不透明等使得影响信息披露时间的因素相当复杂，寻找最适宜披露时间则更是难上加难，这就使得产生羊群行为的可能性更大。

另外，管理者作为社会精英，通常对自己的社会形象和公司的声誉非常关注，这就容易产生规范性影响。凯恩斯（Keynes，1936）有句话说：

“败于习俗好过胜于脱俗”，中国也有“枪打出头鸟”、“木秀于林、风必摧之”的古谚。与群体保持一致可能会带来正的回报，并且使人们特别容易获得自己决策正确的证据，而偏离群体将付出高昂的代价。因此，管理者最好是模仿他人的行为，这样更容易被市场认为是聪明的人，倘若大家都犯了同样的错误，则可以共担责难，这对名誉也没有什么坏的影响，这使得管理者相比一般人更容易产生羊群行为。

4.1.2 管理者羊群行为产生的经济动因

从经济动因角度来说，管理者有操控信息披露时间的相应激励（Givoly D.，Palmon D.，1982）。预测利润的下降是内部因素（如公司管理不善、员工能力较低、设备陈旧、效率低下等）和外部因素（如整体宏观环境低迷、原材料价格上升、所处行业总体状况不佳等）共同作用的结果。内部因素造成的利润下降会影响管理者的报酬支付，但并不会因为他们所无法控制的宏观经济因素而受到惩罚。因此，外部评估者将利润变化的多少归因于与管理者相关的内部因素的判断就成为影响管理者报酬、声誉等的重要因素。如果预测总利润的变化为 Y，利润变化θY（θ<1，是未知的）归因于内部因素，而（1－θ）Y 的部分则归因于外部因素。则管理者在预测总利润下降时，有让外部评估者最小化θ的激励；而在预测利润上升时，则反之。

那么，管理者如何来影响外部评估者对θ的评价呢？在对利润变化的原因解释当中，管理者存在一种动机性归因偏差。也即是说，个体在归因过程中，对有自我卷入的事情的解释，带有明显的自我价值保护倾向，即归因向有利于自我价值确立的方向倾斜。在成败归因中，成功时个体倾向于内归因；失败时个体很少用个人特征来解释，而倾向于外归因。成功时内归因有利于自我价值的肯定，失败时外归因，减少自己对失败的责任则是一种自我防卫策略。在竞争条件下，个体倾向于把他人的成功外归因，从而减小他人成功时对自己带来的心理压力；如果他人失败了，则倾向于内归因。对他人成败归因，个体均有明显的使自己处于有利位置、保护自我的价值倾向。那么，在对预测的利润变化的归因因素

中，情况如何呢？

事实上，巴金斯基等人（Baginski et al.，2000）研究发现，在对业绩预测公告做出解释的65.4%的样本中，管理者将业绩下降的原因归于外部因素的比例占到了63.5%，而将业绩上升的原因归于外部因素的比例则只有40.2%。那么，我国业绩预警公告的归因处理是否也同样受到管理者责任分担考虑的影响呢？

从业绩预告内容的描述当中我们对归因因素进行统计，业绩预告的内容情况举例见本书附表2。我们从2003～2008年的半年报、年报以及各季度的业绩预警公告中随机抽取了100个业绩预悲公告和100个业绩预喜公告，并对它们的归因因素进行了统计，根据业绩预告的内容进行归因统计后的结果如表4－1所示。

表4－1　　管理者对预测业绩变化的归因统计

归因因素代码 / 消息类型	0	1	2	3	对预测业绩变化作出解释的样本比例	归因于外部因素的样本比例
业绩预喜公告	23	54	11	12	77%	16.9%
业绩预悲公告	12	37	40	11	88%	51.9%

注：0表示管理者没有对业绩的变化作出解释；1表示管理者将预测业绩的变化归因于内部因素；2表示管理者将预测业绩的变化归因于外部因素；3表示管理者认为预测业绩的变化是内部因素和外部因素共同作用的结果。表中数字为公告的数目。

从表4－1中可以得知，82.5%的业绩预警公告会对预测业绩的变化原因做出解释，其中好消息和坏消息的比例分别为77%和88%；而在进行了业绩变化解释的样本中，管理者将利润减少的原因完全归于外部因素的比例占到了51.9%，而对于好消息，同样的比例则只有16.9%。这就说明了管理者确实会采取行动来影响外部评估者对θ的估计：倾向于将预期利润上升归于自己的功劳，以期最大化好消息带来的利益；而将预期利润的下降归于外部因素，以减少由于坏消息而分担的责任。

那么，在业绩预悲披露的时机选择上，管理者会采取怎样的决策来尽可能最小化θ值以期减少坏消息而带来的责任分担呢？心理经济学上的归因理论表明，在其他更多的人有相似的行为时，外部评估者往往更倾向于用外部因素来解释他们的行为，而且这一理论在实证上也得到文献凯利（Kelley，H. H.，1967，1973）的证实①。业绩预悲披露是强制性信息披露的内容，其披露的时间决策实际上是一个序贯决策过程。即在决定本公司何时进行披露时，管理者和外部投资者都可以观察到之前其他公司的业绩预悲公告时间。因此，管理者在面对坏消息时，基于责任分担的考虑会使其在观察到其他公司公布的业绩预悲公告数量较多时，更快公布自己的业绩预悲信息，也即产生所谓的羊群行为，继而形成业绩预悲披露时间的群聚现象。

4.2 管理者羊群行为对信息披露时机影响的关系建模

4.2.1 基本模型：单公司动态信息披露时机策略

本部分在戴伊、斯里达尔（Dye R.，Sridhar S.，1995）以及迪尔克（Dierker M.，2002）所构建的模型的基础上，建立一个公司市场价值不受其他公司信息披露影响下的动态披露模型。

1. 基本假设

（1）信息结构。

用 A 代表 A 公司的管理者，A 在 $t(t\in[0,T])$ 时间以 $p(t)(p(t)\in[0,1])$ 的概率得到有关公司价值的信息，且 p 是 t 的增函数；

用管理者的信号 S 表示在所得信息条件下的公司期望价值，S 服从正态分布且与管理者是否得到信息相互独立；

在获得信息的情况下，信息以 q 的概率为私有信息，即投资者不知道

① 凯利（Kelley，1969，1973）提出基于心理学上的归因理论，并在往后的研究中得到证实，即个体通常有根据行为主体的特异性信息（是否只针对某一刺激客体做出反应）、共同性信息（不同的行为主体对同一刺激的反应是否相同）和一致性信息（行为主体在不同背景下做出的反应是否一致）的协变得出以下结论：特异性、共同性和一致性都高时，就可能作出外部原因的归因；特异性低、共同性低和一致性高，那么更可能作出内部原因的归因。

管理者是否得到有关公司价值的信息，此时，管理者对是否披露信息以及何时披露有斟酌处置权；所获信息以 $1-q$ 的概率为公共信息，即投资者知道管理者获得信息，此时，管理者对信息披露没有处置权，会立即向市场披露信息。

（2）管理者目标。

管理者目标是最大化其报酬，报酬在任何时候都和公司市场价值正相关。设管理者 A 的报酬为 $w(A)$[①]，且满足：

$$w(A) = \int_{t=0}^{T} \lambda(t) u(v_t) dt \tag{4.1}$$

其中，v_t 是 t 时刻的公司市场价值，表示在投资者所获信息条件下的价值[②]；u 是 v_t 的增函数；$\lambda(t)$ 为管理者薪酬对公司市场价值的敏感程度。

那么，在上述条件下，公司的均衡披露策略如何呢？

2. 披露策略

披露成本的存在使得公司即使是在拥有正的业绩消息时也不愿意披露。如果公司不进行披露，也不一定意味着它的信息就是负向的。管理者在选择何时进行披露时，会在各个时点的各种收益、成本之间权衡，选择一个使自身效用最大化的披露时机。因此，管理者只有在他的信息相比投资者的预期要好时，才会选择披露。而在他的信息小于投资者的预期时则不会选择披露。

假设在 t 时刻是否进行披露的临界值为 $x^*(t)$。因为每一时段每一家公司的临界披露水平也是当没有公司披露时的预期价格。公司对信息披露有处置权时，当所获信号 S 大于此临界值时，管理者披露 S 后公司的市场价值即为 S，因此，披露时公司的市场价值会随着信号 S 的增加而增加；而当所获信号 S 小于此临界值时，管理者不进行披露，随着时间的推移，

① 管理者报酬的具体表达形式不会影响模型的最终结果，因此，本章设立了其最简单但又不失一般性的形式。

② 若 t 时间的所有公共信息为 I_t，则 $v_t = E(S \mid I_t)$。

外界投资者会更悲观地看待公司的信息。此时，公司的市场价值 v_t 会随着时间的推移而逐渐下降。因此，披露将遵循如下的一个规则：

$$S \geqslant x^*(t) = v(t) \equiv E[S|\text{不披露}] \tag{4.2}$$

其中，$E[S|\text{不披露}] = E[S|(\text{没有获得信息}) + (\text{得到私有信息同时}\ S \leqslant x^*(t))]$

$$= \frac{(1-p(t))E[S] + p(t)qpr(S \leqslant x^*(t))E[S|S \leqslant x^*(t)]}{(1-p(t)) + p(t)qpr(S \leqslant x^*(t))} \tag{4.3}$$

均衡时，$x^*(t)$ 满足：

$$x^*(t) = v(t) = h_s(x^*(t), p(t))$$
$$= \frac{(1-p(t))E[S] + p(t)qpr(S \leqslant x^*(t))E[S|S \leqslant x^*(t)]}{(1-p(t)) + p(t)qpr(S \leqslant x^*(t))} \tag{4.4}$$

式（4.4）存在唯一的均衡披露临界值 $x^*(t)$，与 t 负相关且满足 $x^*(t) = \min_x h_s(x(t), p(t)) = h_s(x^*(t), p(t))$①。

在给定临界值 $x^*(t)$ 的情况下，公司在时间 t 的累积披露概率 π 满足：

$$\pi = p(t)[1 - q + qpr(S > x^*(t))] \tag{4.5}$$

如果信号 S 较小，则最初管理者不会披露信息；但随着时间的推移，$x^*(t)$ 会越小，从而信号 S 会在某一时点（t_1）之后大于 $x^*(t)$，进而在此时选择披露信息；而信号 S 越小，越会在较长时间之后（t_2 时点，而且 $t_2 > t_1$）S 才会大于 $x^*(t)$。

因此，从单公司动态披露模型可以得知：

只有拥有足够好消息的公司才会进行信息披露，而拥有负面消息的公司为了保持他们公司的市场价值将会宣称他们没有任何消息可以披露。同时，公司倾向于推迟坏消息的披露，坏消息的程度越大，推迟披露的时滞越长。

---

① 在不披露信息时，投资者以极为悲观的态度看待管理者所拥有的信息，因此，不披露信息时的均衡临界值将会导致最低的公司市场价值。

4.2.2 扩展模型：受其他公司披露影响的披露策略

在基本模型中，我们没有考虑管理者的披露决策受其他公司披露的影响，事实上，会计报告和信息披露决策都是在一个多公司的环境下进行的，各公司的现金流量相关，因而公司的信息会受其他公司状态的影响，相邻的披露决策并不是相互独立的。而且已有实证研究证实了公司的信息披露确实会向其他公司传递信息。谢和塔克（Tse S.，Tucker J，2009）的研究证实了业绩预悲时机披露决策中，管理者存在明显的跟随他人的羊群行为。本部分在阿查亚、德马佐、克雷默（Acharya VV，DeMarzo PM，Kremer I，2008）的模型的基础上建立模型，与它们不同的是，本书考虑的是其他公司披露的信息对公司披露决策的影响而不是外界公共信息对披露决策的影响。因此，在披露决策中，管理者面临着这样的一个选择：披露好消息虽然会使得公司股票价格立即上升，但也放弃了在没披露信息的情况下其他公司的信息披露对其股票的更大的正向影响。

1. 模型的进一步假设

那么，在公司的市场价值与其他公司披露的信息相关的条件下，管理者 A 的披露决策如何呢？为使模型简化，做如下假设：

（1）其他公司即指 B，B 在时间 1 披露信息 Y，A 在 B 进行披露之前就有可能获得有关公司价值的信息 S。Y 和 S 的关系满足 $S=\alpha+\beta Y+\sigma\varepsilon$，其中，$\varepsilon$ 服从标准正态分布，Y 和 ε 相互独立，β 大于零；

（2）A 只可能在 $t=0$ 或 $t\geqslant 1$ 的时候得到信息，在 0 ~ 1 之间没有收到任何消息，且收到信息的概率分别为 $p(0)$ 和 $p(t)$①；

（3）在 $t=0$ 时进行披露的临界值为 $x^*(0)$，其与 Y 无关；在 $t\geqslant 1$ 时进行披露的临界值是 Y 和 t 的函数，表示为 $x^*(Y,t)$。

---

① 这意味着，在 $t\in(0,1)$ 时，$p(t)=p(0)$。同时，如果 A 在管理者 B 发布信息之前进行披露，则只能发生在 $t=0$ 时，披露的临界值为 x^* (0)。当将这一假设放宽为 A 在 $t\in[0,1]$ 收到信息的概率为 p (t)，且 p (t) 为 t 的增函数时并不影响本书的结论。

2. B 披露的信息 Y 对 A 披露的临界值的影响

如果 A 直到时间 t 都没有进行披露，可能有以下情况：

（1）直到时间 t，A 都没有得到有关公司业绩的信息；

（2）在时间 $t=1$ 之前，A 获得有关公司业绩的信息且此信息为私有信息，同时，$S\leqslant \min(x^*(0),x^*(Y,t))$；

（3）在时间 1 和 t 之间，A 获得有关公司业绩的信息且此信息为私有信息，同时，$S\leqslant x^*(Y,t)$。

设存在一个函数 $z^*(t)$ 使得 A 在 $t=0$ 时进行披露的临界值满足 $x^*(0)=\alpha+\beta y_0(t)+\sigma z^*(t)$，因此，$x^*(Y,t)\leqslant x^*(0)$ 等价于 $Y\leqslant y_0(t)$，$x^*(Y,t)>x^*(0)$ 则等价于 $Y>y_0(t)$。

$Y\leqslant y_0(t)$ 时，式（4.2）和式（4.3）就变为如下情况。

（4）在时间 t 之前，A 获得有关公司业绩的信息且此信息为私有信息，同时 $S\leqslant x^*(Y,t)$。

此时，式（4.1）和式（4.4）的情况就变为基础模型中的均衡披露条件。由式（4.3）和式（4.4）可知：

$$x^*(Y,t)=\alpha+\beta Y+\sigma z^*(t)\,(Y\leqslant y_0(t)) \tag{4.6}$$

而 $Y>y_0(t)$，披露信息的公司集要除去信号为 $x^*(0)<S<x^*(Y,t)$ 的公司，从而提高了不披露公司的信号的平均值。此时，$x^*(Y,t)>\alpha+\beta Y+\sigma z^*(t)$。而且 Y 与 $y_0(t)$ 的差距越大，$x^*(Y,t)$ 与 $\alpha+\beta Y+\sigma z^*(t)$ 的差距也越大，因此，可令：

$$x^*(Y,t)=\alpha+\beta Y+\sigma z^*(t)+k(Y,t)\,(Y>y_0(t)\text{且}k(Y,t)\text{与}Y\text{正相关}) \tag{4.7}$$

因此，由式（4.6）和式（4.7）可知，B 披露的信息 Y 与 A 进行披露的临界值正相关。

3. B 披露的信息 Y 对 A 披露概率的影响

管理者 A 可以选择在 B 公布之前公布信息（$t=0$）、与 B 同时公布信息（$t=1$）或者在 B 公布信息之后公布信息（$t>1$）。那么，B 披露的信息

Y 会如何影响管理者 A 在其后进行披露的概率呢？

（1）均衡披露条件。

如何 A 选择在 $t=0$ 披露信息，则在这之后，公司的市场价值都为 S；而如果不在 $t=0$ 进行披露，则 B 公布的信息 Y 对其公司的市场价值的正向影响可能使得市场价值大于 S。因此，当且仅当管理者 A 在 $t=0$ 公布信息获得的好处大于在 $t(t\geqslant 1)$ 时间不进行披露获得的好处时才会选择在 $t=0$ 进行公告。

A 管理者在 $t=0$ 不进行公告时的市场价值为 $v(0)$，而且满足 $v(0)=h_s(x^*(0),p(0))$，在 $t=0$ 时，相比不披露，进行披露时所获得的好处为 $u(S)-u(v(0))$。在时间 $t(t\geqslant 1)$ 不进行披露时所获好处为 $u(x^*(Y,t))-u(S)$。因此，拥有信号 S 的公司管理者在满足式（4.8）时会选择在 B 公布信息之前披露信息。

$$\int_0^1 \lambda(t)[u(S)-u(v(0))]\mathrm{d}t > E[\int_1^{\infty}\lambda(t)[u(x^*(Y,t))-u(S)]\mathrm{d}t \mid S] \tag{4.8}$$

另 $\theta=\int_1^{\infty}\lambda(t)dt/\int_0^1\lambda(t)\mathrm{d}t$ 。因此，均衡披露时满足：

$$u(x^*(0))-u(v(0))+\theta E[u(x^*(Y,t))-u(S)\mid S=x^*(0)] \tag{4.9}$$

（2）均衡披露概率。

管理者 A 在 $t=0$ 进行披露的概率为：

$$\pi(0\mid Y)=p(0)[1-q+qpr(S\geqslant x^*(0)\mid Y)] \tag{4.10}$$

管理者 A 在 $t\geqslant 1$ 时进行披露的概率为：

$$\pi(t\mid Y)=p(0)[1-q+qpr(S\geqslant \min(x^*(0),x^*(Y,t))\mid Y)]+[p(t)-p(0)][1-q+qpr(S\geqslant x^*(Y,t)\mid Y)] \tag{4.11}$$

因此，式（4.11）减去式（4.10）即得到 A 在时间 1 和时间 t 之间进行信息披露的概率：

$$\Delta\pi(t\mid Y)=\pi(t\mid Y)-\pi(0\mid Y) \tag{4.12}$$

① A 与 B 同时进行披露的概率

A 在时间 1 进行信息披露的概率可表示为 $\Delta\pi$（$1\mid Y$）。因为 $p(1)=$

$p(0)$，由式（4.7）、式（4.8）、式（4.9）可知：

$$\begin{aligned}\Delta\pi(1 \mid Y) &= p(0)qpr[x^*(Y,1) \leqslant S \leqslant x^*(0) \mid Y] \\ &= p(0)q[N((x^*(0)-\alpha-\beta Y)/\sigma) - N(z^*(1))] \end{aligned} \quad (4.13)$$

因此，当 $x^*(Y,1) < x^*(0)$，也即 $Y < y_0(1)$ 时，$\Delta\pi(1 \mid Y) > 0$，因此，有如下推论：

推论1：当管理者B披露的消息 Y 低于某一临界值时，会激发管理者A跟随B的决策立即发布信息，而且 Y 越小，低于临界值的程度越大，管理者A立即披露信息的概率就越大。

推论2：当管理者B披露的消息 Y 高于某一临界值时，则不会激发管理者A跟随B的决策立即进行信息披露。

② A在B披露之后进行披露的概率

A在B披露后进行披露的概率为 $\Delta\pi(t \mid Y)$，其中 $t>1$，此时 $p(t) > p(0)$，因此有：

$$\begin{aligned}\Delta\pi(t \mid Y) = p(0)qpr[x^*(Y,t) \leqslant S \leqslant x^*(0) \mid Y] + \\ [p(t)-p(0)]qpr(S \geqslant x^*(Y,t) \mid Y) \end{aligned} \quad (4.14)$$

$Y < y_0(t)$ 时，$pr[x^*(Y,t) \leqslant S \leqslant x^*(0) \mid Y] = [N((x^*(0)-\alpha-\beta Y)/\sigma) - N(z^*(t))]$，此概率随着 Y 的增加而下降。而由式（4.6）可知，此时 $pr(S \geqslant x^*(Y,t) \mid Y) = 0$，因此，式（4.14）与 Y 负相关。

当 $Y > y_0(t)$ 时，$pr(S \geqslant x^*(Y,t) \mid Y) = [1 - N(z^*(t) + k(Y,t)/\sigma)]$，由式（4.7）可知此概率与 Y 负相关。由于此时 $pr[x^*(Y,t) \leqslant S \leqslant x^*(0) \mid Y] = 0$，因此，式（4.14）与 Y 负相关。综上，有如下推论：

推论3：在整个 Y 的取值范围内，A在B披露信息之后再进行披露的概率都随着 Y 的增加而下降。

由推论1、推论2、推论3可得到如下结论：

未来披露的概率与市场对其他公司披露信息的反应负相关。信息披露的不同模式取决于其他公司披露的信息水平，具体表现为：

（1）其他公司的坏消息（Y 为负）披露会加速公司未来的信息披露，增加未来信息披露的概率，进而形成坏消息披露的集聚现象；

（2）其他公司好消息（Y 为正）的披露会减少公司未来信息披露的概

率，进而好消息的披露相比坏消息披露来说会更趋于分散。

4.3 本章小结

本章首先对业绩预悲信息披露中的管理者羊群行为产生的文化制度背景和经济动因进行了详细的阐述，认为我国典型的集体主义文化、中庸思想以及信息披露制度的不完善造成的披露时机决策的高难度为管理者羊群行为的产生提供了滋生的土壤，而信息披露时机决策中面对坏消息时基于责任分担的考虑是管理者羊群行为产生的经济动因。

在管理者羊群行为产生的机理分析的基础上，本章运用数学建模的思想，在公司的市场价值与其他公司所披露的信息相关，并且管理者可以在其他公司公布信息之前进行信息披露的情况下，构建管理者的披露决策受其他公司披露的影响情况下的披露时机决策模型。其他公司坏消息的披露一方面会降低披露门槛，导致披露概率的增加；另一方面会使得投资者降低公司所得信息类型的判断，降低披露的概率。构建的模型表明，前者效应大于后者。因此，其他公司坏消息的披露不仅会激发公司更快进行披露，还会增加公司未来披露的概率，进而导致坏消息披露的集聚模式。相反，好消息的披露则相对更加分散。

那么，相关的经验数据是否会支持我们的理论模型得出的结论呢？也即实际中公司的披露决策是否会受其他公司的影响，如果是，那么，坏消息的群聚现象是否比好消息的群聚更为明显呢？第 5 章我们将以我国上市公司业绩预告信息为样本，验证在信息披露过程中管理者是否存在羊群行为，同时比较好消息披露和坏消息披露中管理者羊群效应的差别。

第 5 章

管理者羊群行为与业绩预悲披露“群聚”现象的实证分析

本章对上一节管理者羊群行为与信息披露时机决策关系的理论分析得出的结论运用中国上市公司的经验数据加以验证，检验业绩预悲信息披露的时机选择中是否存在着管理者的羊群行为。如果是，则说明管理者羊群行为是业绩预悲披露“群聚”现象产生的一个原因。因为从逻辑上看，管理者羊群行为的存在必然会导致信息披露的群聚现象，但反之，管理者羊群行为并不是群聚现象产生的唯一原因，其他因素也会对群聚现象产生影响。

同时，在本章，我们试图通过对好消息和坏消息披露时机当中的管理者羊群效用大小比较，为上一章管理者在面对坏消息时基于责任分散考虑而产生羊群行为的动机提供经验支持。

5.1 研究设计

5.1.1 研究假设

布朗、帕尔曼和瓦尔德（Brown I. E.，Palmon O.，Wald J. K.，2006）指出，当管理者做出一个披露决策的可能性随着做出相同决策的公司数量的增加而增加时，就出现了羊群行为。本书假设我国上市公司的管理者在

业绩预悲披露的时机决策中存在着羊群行为，则具体的假设为：

研究假设：公司在特定的某天进行业绩预悲披露的概率与在其之前发布业绩预悲信息的同类公司数量正相关。

如果中国上市公司的经验数据的检验支持上述结论，则说明业绩预悲信息披露时机决策中确实存在着管理者的羊群行为。

5.1.2 样本选取

以wind金融数据库中上市发行A股公司的2003~2008年各季报、中报、年报的所有业绩预警公告为初始样本，并按如下顺序对样本进行筛选：

（1）对样本所在行业的筛选是按照证监会的行业分类标准，选取公司所处行业为综合类、房地产业、批发和零售贸易、交运仓储业的业绩预警公告①；

（2）对样本按照信息性质的筛选是只保留业绩预警中的业绩预悲信息的样本；

（3）删除同一公司在同一季度内有两次或两次以上的预警并且前后预测发生变脸的样本；

（4）只保留业绩预悲公告日在该季度的第三个月开始之后的样本②；

（5）对样本进行行业—季度分类，如果某个行业—季度内的样本数小于3，则将此行业—季度的样本删除。得到456个样本，上述数据的选择程序见表5-1。

---

① 其他行业的业绩预悲公告要么样本较少，要么相关变量的数据无法得到。具体为：

（1）在羊群行为的存在性的检验中则没有考虑制造业，是因为制造业企业公布的业绩预悲公告虽多，但公司资产占行业总资产以及公司销售收入占行业总销售收入的数据缺失比较严重，进而可能会造成留下的样本分析不具代表性；（2）有些行业在样本期间内的业绩预悲样本数较少，如：采掘业62个样本，建筑业56个样本，传播与文化产业46个样本，金融、社会保险业82个样本，再经过样本筛选程序后留下的样本就更少了；（3）有些行业的特性致使其不符合研究要求。

因此，我们选取了综合类、房地产业、批发和零售贸易、交运仓储业这四个经常被国内学者关注且极具代表性的行业进行研究。

② 只选取预告日期在该季度的第三个月开始之后的样本，是因为离财政季度结束越近，管理者得到的信息越多，对公司利润的预测越准确，从而预测的坏消息成为事实上的坏消息的可能性越大。

表5－1　　样本选取程序

数据筛选程序	删除的样本	保留样本
2003～2008年的所有业绩预警公告		12 552
其中：综合类，房地产业，批发和零售贸易，交运仓储业的公告	9 736	2 816
其中：业绩预悲公告	1 645	1 171
删除同一公司在一个季度内有两次或两次以上预警且发生变脸的公告	61	1 110
保留预告日期在该季度的第三个月开始之后的样本	602	508
如果某个行业—季度内的样本数小于3，则将此行业—季度的样本删除	52	456

将在每一个行业—季度内，最早进行公告的公司定义为领导者（leader），其他公司则为跟随者（follow）。得到65个领先者，也即65个行业—季度，跟随者样本数391即是研究的最后样本①。跟随者的行业分布见表5－2。

表5－2　　跟随者的行业分布

行业	综合类	房地产业	批发和零售贸易	交运仓储业	合计
样本数	99	173	92	27	391

同时，我们对业绩预悲公告跟随者的行业季度分布情况进行了分析，如表5－3所示。表中的hyq变量表示公告所处行业、年度及季度的情况。如hyq为131，表示公司所在行业为第一行业、公告发生在2003年第一季度；如公司所在行业为第2行业、公告发生在2004年第一季度，则hyq值为241，其他依次类推。Number即是在该行业年度季度内业绩预悲公告的次数。

表5－3　　业绩预悲公告跟随者的行业季度统计

代码	数量	代码	数量	代码	数量	代码	数量	代码	数量	代码	数量
132	3	142	8	152	5	161	3	172	2	181	3
134	2	143	2	153	3	162	7	173	3	182	12
141	3	144	2	154	6	164	6	174	2	183	8

① 本书主要关注跟随者之间的相互影响、相互作用的羊群行为。

续表

代码	数量	代码	数量	代码	数量	代码	数量	代码	数量	代码	数量
184	19	251	2	271	11	332	11	371	7	452	4
232	8	252	13	272	8	342	7	372	8	454	3
233	4	253	8	273	3	344	8	373	6	462	2
234	6	254	15	274	4	352	7	382	7	464	2
241	5	261	4	281	9	353	4	383	3	482	2
242	17	262	9	282	5	354	8	384	11	483	3
243	7	263	4	283	5	362	3	432	2	484	6
244	9	264	6	284	11	363	2	444	3		

5.1.3 模型建立

1. 模型选择

由于研究假设提出的问题是一个概率的问题，而概率的问题也可以转换成生存时间的问题。因此，本书运用生存分析（survival analysis）① 中的比例风险模型（Proportional Harzard Model，PHM）② 来检验公司业绩预悲公告的持续时间（也称生存时间、等待时间）对业绩预悲公告在同类公司中发生次数的反应情况。

业绩预悲公告持续时间的衡量方法是以每个财政季度的第三个月开始的时间作为观测的起始时间，其值等于财政季度的第三个月开始日到业绩预悲公告日的天数，用 warnduring 表示。

---

① 生存分析关注事件在什么时间发生，事件发生以前的时间就是生存时间。在实际操作中，首先要将数据变为生存数据，设定一个 failure 变量，在观察期内事件发生了，赋予 Failure = 1，如果发生了删截（如果到观察结束时事件尚未发生，就称该研究主体被删截了），赋予 failure = 0。生存分析在生物医学领域已经有广泛的运用，但它同样可以运用到工程学乃至社会学的其他领域中。如：金融危机发生的时间、盈利可以持续的时间，可以建立一个关于失业者在多长时间才能找到工作的模型，或者关于人们在结婚前有多长时间未婚生活的模型。

② 根据基准风险分布是任意的还是参数形式的，PHM 模型分为半参数（semi – parametric）模型和参数（parametric）模型，半参数模型有 Cox 模型，而参数生存模型假定生存时间服从已知的分布，通常用于生存时间的分布有威布尔（Weibull）、指数分布（exponent，Weibull 的特例）、对数逻辑斯蒂（log – logistic）、对数正态（lognormal）和广义伽马（generalized gamma）等。

通常对生存时间的影响因素研究，习惯采用 Cox 比例风险模型①，但相比半参数方法，参数模型获得的生存估计与理论的生存曲线更一致。因此，在进行估计之前对生存数据的分布模型进行探讨，当生存数据服从某一特定分布时，采用全参数回归模型探讨生存时间的影响因素则可克服半参数 Cox 回归模型的不足。

我们运用 arena9.0 软件对 391 个跟随者的生存时间（warnduring）的分布进行了拟合，warnduring 的统计结果、拟合的 Weibull 分布参数及卡方检验和 K－S 检验结果如表 5－4 所示。从表 5－4 中可以看出，跟随者的生存时间很好地服从了 Weibull 分布。因此，接下来我们将运用 Weibull 比例风险模型对影响生存时间的因素进行分析。

表 5－4　　Weibull 分布拟合结果

A 栏　生存时间 warnduring 的统计结果			
最小值	平均值	最大值	标准差
8	51	147	20.4
B 栏　Weibull 分布拟合结果			
α	β	Chi Square Test	Kolmogorov-Smirnov Test
2.14	48.3	p 值 <0.005	p 值 <0.01

2. 各变量的定义

（1）解释变量。

用 Peerwarn 表示，意为在公司发布业绩预悲公告的前 10 天中，② 同行

① Cox 比例风险模型的标准形式为：$h(t)=h_0(t)\exp(\beta_1x_1+\beta_2x_2+\cdots+\beta_kx_k)$，表示在 t 时刻事件发生的概率。$h_0(t)$ 为基准风险函数（baseline hazard function），是在所有变量 x_1，x_2，…，x_k 都为零时事件发生的概率。其基础函数可以有不同的形式，在回归中不能确定。

② 布朗等人（Brown et al.，2006）将在该公司进行披露之前进行了信息披露的同类公司数量作为解释变量来研究信息披露中的羊群行为。本书度量 peerwarn 的方法与谢和塔克（Tse and Tucker，2009）相同，不考虑同一天发布信息的情况，因为同一天发布信息时，该公司可能还没有得到这个信息，从而不会影响其决策；此度量方法更好地反映了管理者羊群行为产生机理的解释：即管理者试图通过与其他拥有业绩预悲信息的公司同时进行披露以减少公司表现较差的责任分担；同时，在将 peerwarn 定义为公司信息披露的前 5 天中，同行业该季度进行业绩预悲披露的公司数量后的回归也得到了类似的结果，限于篇幅，后面的分析中没有加以报告。

业该季度进行业绩预悲披露的公司数量。Peerwarn 的系数为正，说明业绩预悲披露的同行业公司数量多，公司在特定的某天进行披露的可能性大，从而说明羊群行为的存在。因此，本书预言 Peerwarn 的系数为正；如果为负，则业绩预悲披露的同类公司数量越多，越会较晚地进行披露；如果为零，表明公司业绩预悲披露的时间不受其他同类公司决策的影响。

（2）控制变量。

影响管理者信息披露时间的控制变量有公司特征和公司业绩预悲披露历史两大类，鉴于本书研究的是行业内的羊群行为，需将公司特征变量中的公司规模和公司销售收入标准化为在行业内的情况。主要的控制变量如下：

公司规模在行业内的情况——用 sizeratio 表示，是业绩预悲披露时间上一年末的公司总资产占该年行业总资产的比例；

公司的市场占有率——用 arketshare 表示，是业绩预悲披露时间上一年末的公司销售收入占该年行业总销售收入的比例；

哑变量业绩预悲披露历史——用 past 表示，是哑变量，用研究期间内在该次公告之前公司是否有过业绩预悲披露来衡量，在此次公告前的任何一个季度内如果有至少一次的公告历史，则 past 为 1，否则为 0。由于有公告历史的公司会更清楚业绩预悲披露的程序和结果，会倾向于更快进行披露。因此，预期 past 的系数为正。

另外，跟随者信息披露的时间往往会受到该行业—季度内领导者的影响。我们定义领导者的业绩预悲持续时间的变量——用 leadtime 表示，等于跟随者的财政季度第三个月开始日到领导者的业绩预悲公告日的天数。leadtime 越短，领导者越早披露信息，跟随者也会更早披露信息，生存时间更短，在特定的某天进行信息披露的可能性越大。因此，预期 leadtime 的系数为负。

3. Weibull 比例风险模型

经由上述分析，本书运用服从 Weibull 分布的全参数比例风险模型对我国上市公司业绩预悲披露的时间决策是否存在“羊群行为”进行实证检验。Weibull 模型的风险函数（Hazard Function）和生存函数（Survival

Function）分别如下所示：

$$h(t) = pt^{p-1}\exp(\beta_0 + \beta_1 peerwarn + \beta_2 size + \beta_3 marketshare + \beta_4 past + \beta_5 leadtime + \sum_{i=6}^{9} industry) \text{①} \quad (5.1)$$

$$s(t) = \exp[-\exp(\beta_0 + \beta_1 peerwarn + \beta_2 size + \beta_3 marketshare + \beta_4 past + \beta_5 leadtime + \sum_{i=6}^{9} industry) t^p] \quad (5.2)$$

其中，β_i 为各变量的影响系数，t 是业绩预悲公告的持续时间，p 为 Weibull 回归模型的辅助参数②。

5.2 业绩预悲披露中管理者羊群行为的存在性检验

5.2.1 统计分析

1. 描述性统计

与本书相关的数据主要来源于 wind 数据库，相关变量的描述性统计结果见表 5 – 5。

表 5 – 5　　各变量的描述性统计

变量名	样本级	平均值	标准差	最小值	最大值
peerwarn	391	2.003	2.308	0	12
leadtime	391	29.509	10.754	8	60
past	391	0.565	0.496	0	1
maketshare	391	1.048	2.827	0	26.446
assetsratio	391	0.925	2.137	0.000	19.54
industry	391	2.120	0.867	1	4

注：maketshare、assetsratio 数据主要来源于 CCER 数据库，它们的短缺数据、行业总资产和行业总销售收入数据来源于 wind 金融数据库及证券之星网站（http：//resource. stockstar. com/DataCenter/）；数据只保留小数点后三位。

① 本书的风险函数和生存函数的形式中包含了截距项 β_0，也就是说截距项对基准风险会有影响，基准风险此时等于 $pt^{p-1}\exp(\beta_0)$。如果不设置截距项 β_0，基准风险的表达式则为 pt^{p-1}。

② p 大于 1 表示事件发生概率随着 t 的增加而变大；p 小于 1，则相反，p 等于 1 表示风险概率不随时间变化。

表5－5中peerwarn的平均值为2，说明业绩预悲披露会跟随同类公司的披露。

2. 业绩预悲披露生存函数

图5－1为业绩预悲披露的生存函数，从图中可知业绩预悲披露的持续时间大部分集中在20～60天之间，持续时间大于60天的概率非常小。这说明了业绩预悲披露时间存在一定的群聚现象。

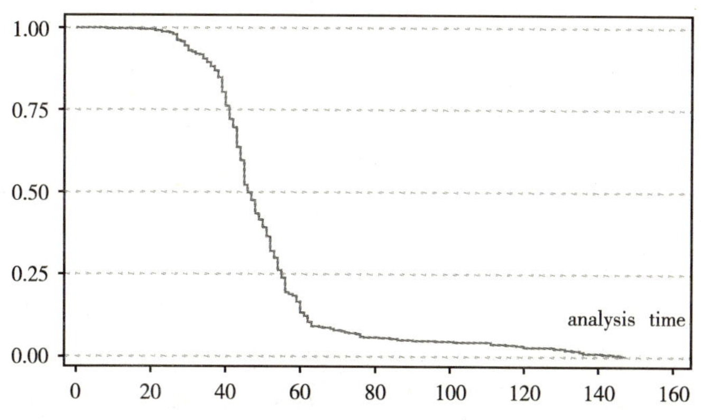

图5－1　业绩预悲信息的Kaplan－Meier存活函数

3. 群聚现象的描述性统计

为了更深入地研究业绩预悲披露的群聚现象，我们定义新变量days，表示公司的公告日期离它最近的同类公司公告日的天数，通过days的统计，我们可以发现在看到其他公司公布信息后，管理者会多快公布它自己的信息。业绩预悲披露群聚现象的描述性统计见表5－6。

表5－6　　业绩预悲公告的群聚的描述性统计

天数	频数	占比（%）	累计占比（%）
0	168	42.97	42.97
1	55	14.07	57.03
2	29	7.42	64.45
3	32	8.18	72.63
4	18	4.6	77.24

续表

天数	频数	占比（%）	累计占比（%）
5	11	2.81	80.05
[6，10]	26	6.65	86.7
[11，15]	15	3.84	90.54
[16，20]	12	3.08	93.62
[21，84]	25	6.38	100

从表5-6中可以看出，在同类公司进行业绩预悲公告后，公司会多快进行披露。42.97%的公司会选择和同类公司在同一天公布信息，80.05%的公司会在同类公司进行信息披露后的5天中进行业绩预悲披露。而在同类公司进行信息披露后的10天中，高达86.7%的公司都进行了业绩预悲公告。

因此，可以得知，在观察到同类公司进行了信息披露后，大部分公司会选择在这之后较短的时间内也进行业绩预悲公告。这和羊群行为的模式是一致的。接下来，运用回归模型对羊群行为做一个更为精确的分析。

5.2.2 羊群行为存在性检验

Weibull比例风险模型的回归结果见表5-7。

表5-7 业绩预悲公告的Weibull比例风险模型回归结果

变量名称	模型1		模型2		模型3	
	系数（标准差）	风险比率	系数（标准差）	风险比率	系数（标准差）	风险比率
peerwarn	0.126*** (0.020)	1.134	0.121*** (0.020)	1.18	0.124*** (0.02)	1.132
leadertime			-0.010* (0.005)	0.99	-0.009* (0.005)	0.991
past			0.282** (0.104)	1.326	0.289** (0.106)	1.335

续表

变量名称	模型 1		模型 2		模型 3	
	系数（标准差）	风险比率	系数（标准差）	风险比率	系数（标准差）	风险比率
marketshare					-0.046 (0.034)	0.955
assetsratio					0.115 ** (0.044)	1.122
industry	yes		yes		yes	
Constant	-11.14 *** (0.425)		-11.21 *** (0.46)		-11.43 *** (0.469)	
/ln_p	0.984 *** (0.035)		0.997 *** (0.035)		1.010 *** (0.035)	
p	2.660		2.711		2.745	
1/p	0.376		0.369		0.364	
Obs	391		391		391	
Log ll	-187		-181.7		-177.5	
chi2	37.49 ***		48.07 ***		56.48 ***	
risk	19 930		19 930		19 930	

注：（1） ***、**、*分别表示在1%、5%、10%的水平下显著；（2） risk 为总的风险持续时间，Log ll 为对数似然值，chi2 为似然比卡方检验，p 为形状参数；（3） 回归中控制了行业的影响，受篇幅所限不加以报告；（4） 数据只保留小数点后三位。

在模型 1、模型 2 和模型 3 中，peerwarn 的系数在 1% 的水平显著为正，说明跟随者在特定的某天进行业绩预悲披露的可能性与其之前的 10 天内进行了业绩预悲公告的公司数显著正相关。peerwarn 越大，公司有越高的风险率，生存时间越短，也即预悲持续时间越短，越会更快地公布其业绩预悲信息。风险比例是当变量增加 1，风险比例变化的大小，也即是 exp（β）的值。在模型 3 中，peerwarn 的风险比例为 1.132，意味着当 peerwarn 增加 1 时，跟随者进行业绩预悲公告的可能性会增加 13.2%。支持了本书的研究假设，从而证明了信息披露时机决策中管理者羊群行为的存在。

leadertime 的系数在 10% 的显著性水平下为负，表明领导者业绩预悲的持续时间越长，跟随者在特定的某一天进行业绩预悲披露的可能性就越低；风险比例为 0.99，意味着 leadertime 每增加 1，跟随者进行业绩预悲的可能性就下降 1%。

past 的系数在 5% 的显著性水平下显著为正，表明有公告历史的公司在当前会更快公布信息。在模型 3 中，风险比例为 1.335，表明与没有业绩预悲披露历史的公司相比，有业绩预悲披露历史的公司在特定的某一天进行业绩预悲披露的可能性增加了 33.5%。

assetratio 的系数在 5% 的显著性水平下显著为正，表明公司规模越大，越会适时公布业绩预悲信息。marketshare 的系数不显著，可能是 marketshare 和 assetratio 之间有较高的相关关系的原因。

在模型 3 中，参数 p 的值为 2.745088，大于 1，说明随着时间的增加，风险的概率是增大的。如信息披露在 t 为 10 时发生的概率是 t 为 5 时的概率的 3.35 倍①。

5.3 预悲信息与预喜信息披露的管理者羊群效应比较

在上两节中，我们对业绩预悲信息披露中管理者羊群行为的作用机理进行了理论分析，并对其存在性进行了实证检验，得出基于责任分担等的考虑，在我国上市公司预告信息披露时机的选择中，管理者存在着跟随其他公司决策的羊群行为，即：看到披露预悲信息的其他公司数量越多，越会更快公布其业绩预悲信息，以减少责任分担。既然面对坏消息时基于责任分担的考虑是羊群行为产生的原因之一，那么，相对的，面对好消息，没有责任分担而是利益分享时，业绩预喜信息披露是否相对来说没有“择机”选择，更趋分散和随机效应呢？接下来我们将对好消息披露当中的管理者羊群行为的存在性进行检验，如果好消息披露中同样存在着管理者的

① $3.35=(10/5)^{(2.745088-1)}$。

羊群行为，则进一步对好消息和坏消息披露中的管理者羊群效应的大小进行比较。

5.3.1 业绩预喜公告样本选取

同样，以wind金融数据库中的2003～2008年上市发行A股公司的各季度业绩预警公告为初始样本，按照业绩预悲公告的筛选原则进行业绩预喜公告样本的选取（具体的筛选理由见5.1.1节），得到715个业绩预喜样本，而跟随者的样本数为634个。

具体的筛选程序如表5－8所示。

表5－8　业绩预喜披露中的羊群效应检验的样本筛选程序

数据筛选程序	除去的样本	留下样本
2003～2008年的所有业绩预警公告		12 552
其中：综合类，房地产业，批发和零售贸易，交运仓储业的公告	9 736	2 816
其中：业绩预喜公告	1 216	1 600
删除同一公司在一个季度内有两次或两次以上预警且发生变脸的公告	54	1 546
保留预告日期在该季度的第三月开始之后的样本	810	736
如果某个行业—季度内的样本数小于3，则将此行业—季度的样本删除	21	715

5.3.2 集聚程度比较

同样，为了分析业绩预喜信息披露的特点，对公司业绩预喜公告日期离它最近的同类公司公告日的天数（days）进行了统计，统计结果见表5－9。

表5－9　业绩预喜公告的集聚程度统计

天数	频数	占比（%）	累计占比（%）
0	104	16.4	16.4
1	173	27.29	43.69

续表

天数	频数	占比（%）	累计占比（%）
2	65	10.25	53.94
3	62	9.78	63.72
4	56	8.83	72.56
5	33	5.21	77.76
[6，10]	87	13.72	91.48
[11，15]	23	3.63	95.11
[16，20]	12	1.9	97
[21，49]	19	3.02	100

由表5－9中对days的统计我们发现：77.76%的公司会在同类公司进行信息披露后的5天中进行业绩预喜的披露。而在业绩预悲信息披露当中，这一比例却是80.05%。由此，可以说明相比业绩预喜信息，业绩预悲信息披露的集中程度更高。

5.3.3 管理者羊群效应比较

相比业绩预悲信息，业绩预喜信息披露的集聚程度较弱一些，是否是因为相比坏消息，好消息无责任分担的激励而使得披露时机的决策中管理者羊群行为更弱一些导致的呢？因此，这里继续运用5.1.2节中的weibull比例风险模型对业绩预喜中的管理者羊群行为的存在性及效应的大小进行检验。

最后的回归结果如表5－10所示。这里对只包含解释变量peerwarn的回归结果进行了列示。

表5－10　　业绩预喜披露中的羊群效应回归结果

变量名称	系数	标准差	z	P>z	[95% Conf.	Interval]
peerwarn	0.0462961	0.0140577	3.29	0.001	0.018744	0.073849
_cons	－12.71301	0.3780107	－33.63	0	－13.4539	－11.9721
/ln_p	1.154677	0.0275682	41.88	0	1.100644	1.208709

续表

变量名称	系数	标准差	z	P > z	[95% Conf.	Interval]
p	3. 172998	0. 0874739			3. 006101	3. 34916
1/p	0. 3151594	0. 0086884			0. 298582	0. 332657
N	Time at risk	LR chi2 (4)	Log ll	Prob > chi2		
634	30506	13. 40	-205. 3989	0. 0095		

注：Risk 为总的风险持续时间，Log ll 为对数似然值，chi2 为似然比卡方检验，p 为形状参数。

从表 5 - 10 可以得知，业绩预喜中的 peerwarn 的系数为正，而且在 1% 的水平下显著，这说明跟随者在特定的某天进行业绩预悲披露的可能性与其之前的 10 天内进行了业绩预悲公告的公司数显著正相关，业绩预喜信息披露时机的决策中也存在着管理者的羊群行为。

业绩预喜中的 peerwarn 系数的大小说明了管理者羊群效应的大小，其值为 0. 046，而业绩预悲中这一数值则达到了 0. 126。因此，业绩预喜信息披露中的管理者羊群效应比业绩预悲信息披露中的管理者羊群效应要小接近 2/3。

因此，与业绩预喜披露相比，业绩预悲披露的集中程度更高，管理者羊群效应更大。这也在一定程度上说明了相比好消息，管理者在面对坏消息时的自我保护动因会更强，进而更容易采取跟随他人的决策。

5.4 本章小结

证券市场中的羊群行为研究已形成较为完善的体系，而公司决策中的羊群行为研究则较为少见。本章针对前面我们发现的业绩预告的群聚现象以及相比好消息，坏消息披露的群聚现象更为严重的结论，从管理者行为的角度来剖析现象产生的原因。

本章首先对业绩预悲坏消息披露时机决策中管理者羊群行为的存在性进行了检验，从而对业绩预悲披露的群聚现象加以解释。实证检验得出：管理者在特定的某天进行公司业绩预悲披露的概率与在其之前的 10 天内进行业绩预悲披露的公司数量正相关，从而证明了坏消息披露当中羊群行为的存在，并且这种行为模式是业绩预悲披露时间群聚产生的一个重要原因。相比好消息，坏消息披露的集中程度更高，对于这一现象，我们通过比较好消息和坏消息披露时机选择中的羊群效应大小予以解释，集中程度更高，则说明羊群效应更大。而我们的实证结果表明坏消息披露时机决策中的管理者羊群效应更大，从而支持了我们的假说。

本章从以下几个方面丰富和拓展了信息披露的研究：首先，将好消息和坏消息的披露时机决策进行区分，并基于管理者坏消息披露时的责任分担动机更强的视角，证明了相比好消息，坏消息披露时机决策的羊群效应更大。其次，信息披露时间决策中的羊群行为结论能为市场参与者提供一些信息。比如：很多公司在同一时间段内预告会出现利润下降，这可能并不一定意味着是某些共同的外在因素作用的结果。同时，提供了管理者信息披露决策的多公司视角，在以后的公司决策中应该更多地考虑管理者决策受其他公司决策的影响。最后，在模型方面，将生存分析引入到金融经济学研究中，在对生存时间分布进行拟合分析的基础上，运用威布尔比例风险模型分析管理者羊群行为，而不是盲目地套用半参数的 Cox 比例风险模型。

第6章

投资者注意力分散对信息披露时机决策影响的理论分析

投资者注意力分散近几年成为行为金融领域的热点问题，与此相关的研究也大量涌现，但却鲜有文献将投资者注意力分散引入信息披露决策当中。因此，本书试图分析投资者注意力分散与信息披露时机决策的关系。

在本章中，我们以经典的投资组合选择模型为基础，就投资者对股利信息信号的注意力情况进行假设，即：假设下一期的股利信息是一个公共信号，所有投资者都知道这个公告信号，但是对这个信号进行注意的投资者的比例有所不同。同时管理者本身不能操纵这个信号（也即需真实地报告此信息），在此情况下，管理者的决策只是对信息披露时机的选择，也即是选择在疏忽投资者比例较高的时候公布这个信息还是在疏忽投资者比例较低的时候公布这个信息。

6.1 模型的设置

6.1.1 模型的基本设置

风险资产的价格为 P_t，在 $t+1$ 期开始前支付固定供给的 D_{t+1} 的股利，而且满足 $D_{t+1}=\delta+s_t+\varepsilon_{t+1}$。其中，$s_t \sim N(0,\sigma_s^2)$，即在 t 期开始之前传播给公众的信号；$\varepsilon_{t+1} \sim N(0,\sigma_\varepsilon^2)$，是随机组成部分，即在 t 期结束后都还不

确定的部分。我们假设 s_t 和 ε_t 是同期独立的。

无风险资产的价格标准化为1，各期的总回报为 $1+R$，而且是完全供给弹性的。在区间［0，1］中有连续的投资者，$1-\mu_t$ 比例的投资者观察到了信号 s_t（也即所谓的注意力集中的投资者），μ_t 比例的投资者则没有注意到这一信号，成为注意力分散的投资者。管理者观察到了信号 s_t，并决定是在疏忽投资者比例较高，即 $\mu_t=\mu_h$ 时公布信号，还是在疏忽投资者比例较低，即 $\mu_t=\mu_l$ 时公布信号，其中 $0\leqslant\mu_l\leqslant\mu_h\leqslant1$。在每一期结束后所有的财富要进行清算。

6.1.2 投资组合选择

在季度 t 开始时，代理者 i 投入 λ_i^t 个单位在风险资产上面，为了最大化末期的财富 W_t^i，注意力集中的投资者用信号来做出决策，而疏忽投资者则不用此信息做出决策。对于个体 i 我们定义 $E_t^i[.]$ 和 $\sigma_{i,t,(.)}^2$ 分别为条件期望值和他的信息集的方差，具体来说：

注意力集中的投资者（此时 $i>\mu_t$）的期望股利定义为：

$$E_t^i[D_{t+1}]=E_t^{1-\mu}[D_{t+1}]=\delta+s_t \tag{6.1}$$

注意力分散的投资者（$i\leqslant\mu_t$）的期望股利定义为：

$$E_t^i[D_{t+1}]=E_t^{\mu}[D_{t+1}]=\delta \tag{6.2}$$

同时，假定每个投资者的效应函数是风险规避参数为 $\gamma(\gamma>0)$ 的二次效应函数。

6.2 模型的求解

那么，在上述条件下，投资者会怎样分配他们的资金呢？他们的选择会以最大化自己的财富为目标，因此，必须满足如下公式：

$$\begin{cases}\max\limits_{\lambda_t^i}E_t^i[W_{t+1}^i]-\dfrac{\gamma}{2}Var_t^i[W_{t+1}^i]\\ \text{s. t. } W_{t+1}^i=\lambda_t^i(P_{t+1}+D_{t+1}-P_t)+(W_t^i-\lambda_t^iP_t)R+W_t^i\end{cases} \tag{6.3}$$

其中，γ 为风险规避参数。

6.2.1 风险资产的需求

将约束条件代入后，得到：

$$\max_{\lambda_t^i} E_t^i[W_{t+1}^i] - \frac{\gamma}{2} Var_t^i[W_{t+1}^i] = \max_{\lambda_t^i} E_t^i[\lambda_t^i(P_{t+1} + D_{t+1}) + (1+R)(W_t^i - \lambda_t^i P_t)] - \frac{\gamma}{2} Var_t^i[W_{t+1}^i]$$

$$= \max[\lambda_t^i E_t^i[P_{t+1} + D_{t+1}] + (1+R)(W_t^i - \lambda_t^i P_t) - \frac{\gamma}{2}(\lambda_t^i)^2 \sigma_{i,t,P+D}^2] \tag{6.4}$$

将式（6.4）对 λ_t^i 求导并令其等于0，有：

$$E_t^i[P_{t+1} + D_{t+1}] - (1+R)P_t - \gamma(\lambda_t^i)\sigma_{i,t,P+D}^2 = 0 \tag{6.5}$$

所以

$$\lambda_t^i = \frac{E_t^i[P_{t+1} + D_{t+1}] - P_t(1+R)}{\gamma \sigma_{i,t,P+D}^2} \tag{6.6}$$

由于 $\sigma_{i,t,P+D}^2 \equiv Var_t^i(P_{t+1} + D_{t+1})$，因此，风险资产的需求与投资者对未来价格的期望值 P_{t+1} 和未来的股利 D_{t+1} 正相关，与现期价格 P_t 负相关，与风险规避参数 γ 和风险资产的方差 $\sigma_{i,t,P+D}^2$ 负相关。

6.2.2 模型的均衡求解

我们假设市场出清，均衡时，注意力集中的投资者和注意力分散的投资者（也即总个市场）对风险资产的总需求为1，因此有：

$$\mu_t\left(\frac{E_t^{\mu}[P_{t+1} + D_{t+1}] - P_t(1+R)}{\gamma \sigma_{\mu,t,P+D}^2}\right) + (1-\mu_t)\left(\frac{E_t^{1-\mu}[P_{t+1} + D_{t+1}] - P_t(1+R)}{\gamma \sigma_{1-\mu,t,P+D}^2}\right) = 1 \tag{6.7}$$

对式（6.7）进行整理：

$$\mu_t \sigma_{1-\mu,t,P+D}^2 [E_t^{\mu} P_{t+1} + \delta] - \mu_t \sigma_{1-\mu,t,P+D}^2 P_t(1+R) + (1-\mu_t)\sigma_{\mu,t,P+D}^2$$

$$[E_t^{1-\mu}P_{t+1}+\delta+s_t]-(1-\mu_t)\sigma^2_{\mu,t,P+D}P_t(1+R)=\gamma\sigma^2_{\mu,t,P+D}\sigma^2_{1-\mu,t,P+D} \tag{6.8}$$

进一步整理得出：

$$P_t=\frac{b_tE_t^u[D_{t+1}+P_{t+1}]+(1-b_t)E_t^{1-u}[D_{t+1}+P_{t+1}]-a_t}{1+R}$$

$$=\frac{\bar{E}_t[D_{t+1}]+\bar{E}_t[P_{t+1}]}{1+R} \tag{6.9}$$

其中，$a_t=\left[\frac{\mu_t}{\gamma\sigma^2_{\mu,t,P+D}}+\frac{1-\mu_t}{\gamma\sigma^2_{1-\mu,t,P+D}}\right]^{-1}$, $b_t=\frac{\mu_t}{\gamma\sigma^2_{\mu,t,P+D}a_t}$, $\bar{E}_t=b_tE_t^{\mu}[.]+(1-b_t)E_t^{1-\mu}[.]$，

由于，$T\to\infty$时，$\lim_{T\to\infty}(\bar{E}_t\bar{E}_{t+1}\cdots\bar{E}_{t+T+1}[P_{t+T+2}])/(1+R)^{T+2}=0$，所以有

$$P_t=\frac{\bar{E}_t[D_{t+1}]-a_t}{1+R}+\sum_{s=1}^{\infty}\frac{\bar{E}_t\bar{E}_{t+1}\cdots\bar{E}_{t+s}[D_{t+s+1}-a_{t+s}]}{(1+R)^{s+1}} \tag{6.10}$$

由于 $\bar{E}_{t+1}\bar{E}_{t+2}\cdots\bar{E}_{t+s}[D_{t+s+1}]=\delta$，而且 $E^{\mu}_{t+s-1}[a_{t+s}]=E^{1-\mu}_{t+s-1}[a_{t+s}]=\eta a(\mu_h)+(1-\eta)a(\mu_l)=\bar{a}$

其中，$\eta=prob(\mu_{t+s}=\mu_h)$，所以 $\bar{E}_t\bar{E}_{t+1}\cdots\bar{E}_{t+s}[a_{t+s}]=\bar{a}$。将此代入式（6.10）中，得到：

$$P_t=\frac{\delta-\bar{a}}{R(1+R)}+\frac{\delta-a_t}{1+R}+\frac{1-b_t}{1+R}s_t \tag{6.11}$$

因为 b_t 随着疏忽投资者比例的增加而增加，因此，注意力分散使得市场价格对信号的反应不够。

同时，方差的计算公式如下：

$$\sigma^2_{\mu,t,P+D}=E_t^{\mu}[(P_{t+1}+D_{t+1}-E_t^{\mu}[P_{t+1}+D_{t+1}])^2]$$

$$=E_t^{\mu}\left[\left(\frac{(1-b_{t+1})s_{t+1}-a_{t+1}-(E_t^{\mu}[(1-b_{t+1})s_{t+1}]-\bar{a})}{1+R}+s_t+\varepsilon_{t+1}\right)^2\right]$$

$$=\left(\frac{1}{1+R}\right)^2\sigma^2_{(1-b)s-a}+\sigma^2_s+\sigma^2_{\varepsilon} \tag{6.12}$$

同理：

$$\sigma^2_{1-\mu,t,P+D} = \left(\frac{1}{1+R}\right)^2 \sigma^2_{(1-b)s-a} + \sigma^2_{\varepsilon} \tag{6.13}$$

将式（6.12）和式（6.13）代入 $a_t = \left[\frac{\mu_t}{\gamma\sigma^2_{\mu,t,P+D}} + \frac{1-\mu_t}{\gamma\sigma^2_{1-\mu,t,P+D}}\right]^{-1}$ 后得到：

$$a_t = \gamma(k^2 + k\sigma_s^2)(k + \sigma_s^2(1-\mu_t))^{-1} \tag{6.14}$$

$$b_t = k\mu_t\,(k + \sigma_s^2(1-\mu_t))^{-1} \tag{6.15}$$

其中，$k = (1+R)^{-2}\sigma^2_{(1-b)s-a} + \sigma^2_{\varepsilon}$。所以，$a_h > a_l$，$b_h > b_l$。

6.2.3 投资者对信号的反应

为了得到股票价格对信号的及时反应和延迟反应，我们用如下的方法来衡量，从 $t-1$ 期到 t 期的超额收益为：

$$Z_t = P_t + D_t - (1+R)P_{t-1} \tag{6.16}$$

从 $t-1$ 期到 t 期的超额收益也即是由于新信息导致的预期收益的变化，这个异常收益由新信息的两个来源组成：信号 s_t 和未预期到的股利 $D_t - E_{t-1}[D_t]$，其中 $D_t - E_{t-1}[D_t]$的值和信息不相关。

（1）对信号 s_t 的及时反应 $E_t[IR_t]$。

及时反应 $E_t[IR_t]$ 可用下述式子表示：

$$E_t[IR_t] = E_t[Z_t - E_{t-1}[Z_t] - (D_t - E_{t-1}[D_t])] = P_t - E_{t-1}[P_t]$$

$$= -\frac{a_t - \bar{a}}{1+R} + \frac{(1-b_t)s_t - E_{t-1}[(1-b_t)s_t]}{1+R}$$

$$= \frac{\bar{a} - a_t}{1+R} - \frac{\sigma_{bs}}{1+R} + \frac{(1-b_t)}{1+R}s_t \tag{6.17}$$

根据式（6.14）和式（6.15），对于式（6.17）我们可以得出如下推论：

推论1：对信号 s_t 的及时反应是 s_t 的线性函数，斜率为$(1-b_t)/(1+R)$；斜率随着疏忽投资者的比例 μ_t 的增加而减少，当 $\mu_t = 0$ 时，斜率变为 $1/(1+R)$。

(2) 对信号 s_t 的延迟反应 $E_t[DR_t]$。

第二时段(也即从时间 t 到时间 $t+1$)的超额收益为 Z_{t+1},可用如下式子表示:

$$Z_{t+1} = P_{t+1} + D_{t+1} - (1+R)P_t = -\frac{E_t[b_{t+1}s_{t+1}]}{1+R} + s_t + a_t - (1-b_t)s_t$$

$$= a_t - \frac{\sigma_{bs}}{1+R} + b_t s_t \tag{6.18}$$

对信号 s_t 的延迟反应 $E_t[DR_t]$ 可用下述式子表示:

$$E_t[DR_t] = E_t[Z_{t+1}] - E_{t-1}[Z_{t+1}] = a_t - \bar{a} + b_t s_t - E_{t-1}[b_t s_t]$$

$$= a_t - \bar{a} + b_t s_t - \sigma_{bs} \tag{6.19}$$

根据式(6.14)和式(6.15),对于式(6.19)我们可以得出如下推论:

推论 2:延迟反应 $E_t[DR_t]$ 是信号 s_t 的线性函数,斜率为 b_t,此斜率随着疏忽投资者的比例 μ_t 的增加而增加,当 $\mu_t=0$ 时,斜率为 0。

(3) 对信号的长期反应 $E_t[LR_{t+1}]$。

运用 t 时期短期超额收益和从 t 时期到 $t+1$ 期的超额收益的贴现值之和来衡量对信号的总的反应。

$$E_t[LR_{t+1}] = [(E_t[Z_t] - E_{t-1}[Z_{t-1}]) - (E_t[D_t] - E_{t-1}[D_t])] + \frac{E_t[Z_{t+1}] - E_{t-1}[Z_{t+1}]}{1+R} = E_t[IR_t] + E_t\left[\frac{DR_t}{1+R}\right]$$

$$= \frac{\bar{\alpha}}{1+R} + \frac{R\sigma_{bs}}{(1+R)^2} + \frac{s_t}{1+R} \tag{6.20}$$

由式(6.20)我们可以得出如下推论:

推论 3:总的反应是信号 s_t 的线性函数,斜率为 $1/(1+R)$,与疏忽投资者的比例 μ_t 不相关。

(4) 延迟反应的比例。

为了更好地理解股票价格对信息的延迟吸收情况,我们用延迟反应的比例来进行衡量,假如有两个信息 s_A、s_B,而且两个信号的质量为 $s_A > s_B$,延迟反应的比例用 DRR_t 表示,则它等于是两个信号延迟反应之差除以两

个信号长期反应之差，具体为：

$$DRR_t = \frac{E[DR_t \mid S_A, \mu_t] - E[DR_t \mid S_B, \mu_t]}{E[LR_t \mid S_A, \mu_t] - E[LR_t \mid S_B, \mu_t]} \tag{6.21}$$

将式（6.19）和式（6.20）代入式（6.21），则有

$$DRR_t = b_t(1 + R) \tag{6.22}$$

由式（6.22）我们可以得到如下推论：

推论4：延迟反应的比例与疏忽投资者的比例 μ_t 正相关，μ_t 为零时，DRR_t 为零。

6.2.4 公司披露时机选择

管理者最优化：管理者可以在 $\mu_t = \mu_h$ 或 $\mu_t = \mu_l$ 的时候公布信息。长期利益的管理者最大化预期的长期价格 $E_t[P_{t+1}]$，短期利益的管理者最大化当期价格 $E_t[P_t] = P_t$。通常，管理者往往只注重他们的短期利益。

（1）短期视角的管理者的披露时机选择。

短期视角的管理者的目标如下：

$$\max_{\mu_t \in \{\mu_h, \mu_l\}} P_t = \frac{\delta - \bar{a}}{R(1 + R)} + \frac{\delta - a_t}{1 + R} + \frac{1 - b_t}{1 + R} s_t \tag{6.23}$$

而式（6.23）的最大化问题可以转化为如下问题：

$$\max_{\mu_t \in \{\mu_h, \mu_l\}} - a_t - b_t s_t \tag{6.24}$$

将式（6.14）、式（6.15）代入式（6.24）后得到：

$$\max_{\mu_t \in \{\mu_h, \mu_l\}} \frac{k(-rk - r\sigma_s^2 - \mu_t s_t)}{k + \sigma_s^2 - \mu_t \sigma_s^2} \tag{6.25}$$

如果管理者倾向于在注意力分散的投资者比重更大的时候进行信息披露，则需满足：

$$\frac{k(-rk - r\sigma_s^2 - \mu_h s_t)}{k + \sigma_s^2 - \mu_h \sigma_s^2} \geqslant \frac{k(-rk - r\sigma_s^2 - \mu_l s_t)}{k + \sigma_s^2 - \mu_l \sigma_s^2} \tag{6.26}$$

式（6.26）经过简化后得到：

$$s_t \leqslant -\sigma_s^2\gamma \tag{6.27}$$

因此，由上面的推理，我们可以得到如下推论：

推论5：当信号比较差，$s_t \leqslant -\sigma_s^2\gamma$ 时，$E[s_t \mid \mu_t = \mu_h] < E[s_t \mid \mu_t = \mu_l]$，$E[IR_t \mid \mu_t = \mu_h] < E[IR_t \mid \mu_t = \mu_l]$，管理者最大化其短期价值时，会选择在疏忽投资者的比例更高的时候披露其信息（$\mu_t = \mu_h$）。

推论6：当信号较好，$s_t \geqslant \sigma_s^2\gamma$ 时，$E[s_t \mid \mu_t = \mu_h] > E[s_t \mid \mu_t = \mu_l]$，$E[IR_t \mid \mu_t = \mu_h] > E[IR_t \mid \mu_t = \mu_l]$，管理者最大化其短期价值时，会选择在疏忽投资者的比例低的时候披露其信息（$\mu_t = \mu_l$）。

（2）长期视角的管理者的披露时机选择。

因为长期价格与疏忽投资者的比例不相关，长期价值的管理者的信息披露决策没有不同。而拥有很多负面消息的关注短期利益的管理者则会在疏忽投资者比例较高的时候公告信息，因为他们更希望及时反应更缓和一些，因此，在疏忽投资者比例较高的时候公布的信息平均来说更差，而且及时反应不足。因此，投资者注意力分散可以很好地解释。

6.3 本章小结

本章我们运用数学建模的思想，构建了在对公司公布的信息进行注意的投资者比例有所不同的情况下管理者的披露时机决策的模型。从传统的投资组合选择模型出发，分析了投资者注意力分散情况下的风险资产的需求、投资者对信号的及时反应、延迟反应、长期的总反应以及管理者披露时机决策。通过模型分析，我们得到了如下的一些结论：

（1）在投资者对信号 s_t 的反应方面。

对信号 s_t 的及时反应是随着疏忽投资者的比例 μ_t 的增加而减少。即：在投资者注意力更为分散的时候，股票价格对信息的及时反应不足；对信号 s_t 的延迟反应随着疏忽投资者的比例 μ_t 的增加而增加。即：投资者注意力更为分散的时候，股票价格对信息的延迟反应更大；对信号 s_t 的总的反应与疏忽投资者的比例 μ_t 不相关；延迟反应的比例 DRR_t 与疏忽投资者的比例 μ_t 正相关。

（2）在管理者信息披露时机决策方面。

最大化长期利益的管理者对于好消息和坏消息的披露策略没有什么不同；但最大化短期利益的管理者，面对坏消息时，往往会选择在疏忽投资者的比例更高的时候披露其信息（$\mu_t=\mu_h$），面对好消息时，则往往会选择在疏忽投资者的比例低的时候披露其信息（$\mu_t=\mu_l$）。

那么，相关的经验数据是否会支持我们理论模型得出的结论呢？也即实际披露中，投资者是否会存在注意力分散，在什么时候注意力分散的程度更高？如果是，管理者是否确实倾向于在投资者注意力更为分散的时候披露坏消息，而在注意力较为集中的时候倾向于披露好消息呢？第7章我们将以我国上市公司业绩预告信息为样本，验证投资者的注意力分散行为，明确投资者在什么时间注意力会更为分散，同时检验管理者是否会更倾向于在投资者注意力分散的时候披露坏消息。

第 7 章

投资者注意力分散与业绩预悲披露“群聚”现象的实证分析

本章对前文投资者注意力分散与信息披露时机决策关系的理论分析得出的结论运用中国上市公司的经验数据加以验证，首先对我国资本市场上，投资者注意力较为分散的时间进行研究。继而在此研究的基础上，检验信息披露时机的选择是否受投资者注意力分散的影响，也即管理者为了减少由于坏消息公布造成的股票价格急剧向下波动是否更倾向于在投资者注意力更为分散的时候进行披露。如果是，则说明了投资者注意力分散也是业绩预悲披露“群聚”现象产生的一个原因。因此，首先我们需找出何时投资者注意力更为分散，然后再对这些注意力分散时所披露信息的性质进行分析。

7.1 研究设计

7.1.1 研究假设

伯纳德和托马斯（Bernard and Thomas，1989）对认知心理学上的投资者注意分散与盈余公告信息价格反应的关系进行了开创性的研究。他们认为，如果一些投资者对盈余公告的注意力是分散的，则会导致投资者信息吸收不充分，进而对盈余公告消息的价格反应不足。在此基础

上，越来越多的学者用投资者注意力分散来解释盈余公告后的价格漂移异象。

弗朗西斯、帕加克、斯蒂芬（Francis J.，Pagach D.，Stephan J.，1992），巴格诺利、克莱门特、瓦茨（Bagnoli M.，Clement M.，Watts S.，2005）的研究发现，相比收盘期，投资者在开盘期更会注意公司盈余情况，进而对开盘期间发布的盈余公告的市场反应会更迅速和完全；也有学者认为，市场状况好时发布的盈余公告比市场状况差时公布的盈余公告更能引起投资者的注意（Hou K.，Peng L.，Xiong W.，2006）；德拉维格纳和波利特（Della Vigna and Pollet，2009）以1984年1月到2006年7月的228 651盈余公告为样本对信息披露时机特点进行研究，发现：80%的盈余信息在周二、周三、周四公布，周一公布的盈余信息比例为13.8%，而周五公布的盈余信息则只有5.7%。而在对信息的反应上，实证研究得出：相比其他周历，市场对周五公布的盈余信息的及时反应要低15%，但盈余公告后的漂移程度则较其他周历要高70%。这是因为周五是一周中的最后一个工作日，投资者对此时公布的盈余公告的关注度更低。而周六股市休市，其情形与周五类似。因此，投资者对盈余信息的关注程度会随着信息披露所在周历的不同而不同。鉴于此，提出如下的研究假设：

假设1：相比其他周历，投资者对周五和周六公布的盈余预告信息更易忽视，因而对周五和周六公布的盈余预告消息的及时反应更低。

注意力是一种稀缺的资源，对一项任务注意的同时，则相对来说，就会对另一项任务分散注意力（Kahneman D.，1973）。Stroop任务实验表明，人们同时处理多个信息和完成多个任务时容易受到相关信息的干扰（Stroop J.，1935）。麦克劳德（McLeod，1977）、特雷斯曼和戴维斯（Treisman and Davies，1973）的试验得出当多个刺激同时发生时，任务完成的效果非常差。因此，投资者对信息的关注程度不仅受信息披露时机的影响，还受同一天披露的竞争性信息数量的影响。赫什莱弗、利姆、张（Hirshleifer D.，Lim S.，Teoh S.，2009）就竞争性信息对投资者注意的影响进行了实证检验，得出，由于人的认知能力有限，竞争性信息的出现会降低或分散投资者的注意力，导致投资者对信息的及时反应不足。鉴于此，提出我们的研究假设2：

假设2：相比盈余预告信息少日，投资者在盈余预告信息多日的注意力更易分散，因而对信息多日公布的盈余预告消息的及时反应更低。

公司管理者在盈余公告信息的披露时机上有一定的斟酌处置权，他们会基于公司业绩的差异，采取相机信息披露策略，寻求最佳披露时间，以最大化好消息带来的正向影响，而最小化坏消息造成的股价的急剧下降。因此，他们更倾向于提前公布好消息，延迟披露坏消息（Dye R.，1990）；吉诺特和特鲁曼（Genotte and Trueman，1996）构建了一个信息披露决策模型，模型得出公司倾向于集中公布坏消息，而相对分散地公布好消息，从而达到利益的最大化，损失的最小化；在坏消息的具体披露时间上，帕特尔和沃尔夫森（Patell and Wolfson，1982）的研究得出公司更倾向于在收盘期间公布坏消息；达蒙德理（Damodaran，1989）以美国在1981~1985年间的所有盈利和股息公告为样本，对信息披露的周历分布进行了研究，发现：相比其他周历公布的信息，周五公布的坏消息的比重更大而且有更大的负的超额收益，而且公司也更倾向于在周五发布股息减少的信息；巴诺利、克莱门特、瓦茨的研究也得出了类似的结论，公司在周五以及交易日较晚的时候公布坏消息的概率更大。因此，基于假设1和假设2以及上述分析，提出本书的研究假设3：

假设3：在盈余预告的披露时机上，公司管理者更倾向于在投资者注意力分散的时候公布坏消息，进而形成业绩预悲消息在投资者注意力分散时候的集中披露。

7.1.2 样本选取

本书的盈余预告数据和机构投资者比例数据均来源于Wind数据库，其他数据都来源于CSMAR中的股票市场系列及公司研究系列数据库。我国业绩预告制度在2003年才基本确立，因此，选取沪深A股上市公司2003~2009年的各季报、中报和年报的15 222个盈余预告为初始样本。并按如下标准筛选：

（1）如果同一公司在同一报告期进行了两次或两次以上业绩预告，则

删除此样本①；

（2）选取盈余预告发生在该季度第3个月开始之后的样本②；

（3）删除业绩预告类型为“不确定”和“其他”的样本；

（4）删除公司为金融类的样本；

（5）删除所有ST的公司。

上述筛选程序具体见表7-1，经过筛选后最终得到5 088个盈余预告样本作为接下来我们实证分析的初始样本。

表7-1　　盈余预告样本的筛选过程

筛选程序	除去的样本	留下的样本
2003~2009年的所有盈余预告样本		15 222
删除同一公司在同一报告期进行了两次或两次以上预告的样本	2 502	12 720
只保留预告时间在该季度第3个月开始之后的样本	6 515	6 205
删除业绩预告类型为“不确定”和“其他”的样本	20	6 185
删除金融类公司样本	146	6 039
删除所有ST的公司样本	951	5 088

7.1.3　变量定义

1. 投资者注意力分散程度

赫什莱弗和张（Hirshleifer and Teoh，2004）、德拉维格纳和波利特构建的模型都表明，如果投资者忽视公司未来盈利能力有关的信息，则均衡时股票价格对盈余信息会反应不足。赫什莱弗、利姆和张（Hirshleifer D.，Lim S.，Teoh S.，2009）对上述模型得出的研究结论进行了检验，结果发现：投资者注意力分散程度与盈余信息公告的及时反应负相关。也即是说，投资者

① 因为当同一报告期进行了两次或两次以上报告时，一方面，预告可能存在变脸的情况，另一方面，即使不同预告之间不存在变脸的情况，预告的内容也会有差别，此时，如果选择最前面的那次预告作为研究样本，则存在预告不准确的问题；如果选取最后一次的预告，则存在前面的预告泄露相关信息的问题。上述情形都会影响分析的结果，因此，本研究中删除了这些样本。

② 预告时间过早时，有关公司未来盈余的信息会比较少，进而会使得预测的准确性不高。

注意力越分散，对信息公告的及时反应越不足，反之则反是。因此，我们可以通过研究对信息的及时反应情况来研究投资者注意力分散的程度。

本书借鉴国内外学者的普遍做法，运用公告日当天及其后一天的累计超额收益（CAR）来度量市场对盈余预告信息的及时反应，并将此作为投资者注意力分散程度的替代变量。在其他条件相同的情况下，累积超额收益率越大，表明投资者对于盈余预告信息的及时反应越大，投资者注意力分散的程度就越小。反之则反是。公司 i 的累积超额收益为：

$$CAR = \sum_{t=0}^{t=1} AR_i \text{ ①} \tag{7.1}$$

其中，超额收益 AR 的估计采用市场调整模型，为：

$$AR_i = r_i - r_m \tag{7.2}$$

r_i 表示公司 i 的日收益率；r_m 表示现金红利再投资的深沪综合日市场等权平均收益率。在删除没有日收益率数据的样本后得到 4 611 个盈余预告样本。

2. 信息类型

newstype——盈余预告消息的类型。

wind 数据库中盈余预告的类型分为八大类：“续亏”、“首亏”、“预减”、“略减”、“续盈”、“扭亏”、“略增”、“预增”（各类型的具体含义请见“3.1.3 盈余预告中的名词界定”这一节）。其中，前四种为坏消息，后四种为好消息，而且消息的程度依次增强。本书对盈余预告按照此类型进行分组，并分别赋值 1 ~ 8。

3. 公告日所在周历

Week——盈余预告日所在周历。

对 4 611 个盈余预告样本公告所在的周历进行统计，结果如表 7 - 2 所示。从盈余预告消息的类型来看，公司更倾向于发布好消息，其占到了总

① 由于股市在周六和周日休市，因此，当预告发生在周六时，CAR 用下周一的超额收益衡量。当公告日为周五时，用周五当天的超额收益来代替 CAR。

样本的63%；从盈余预告消息所在周历来看，坏消息更倾向于在周五和周六公布，周五和周六这两天公布的坏消息数量占到了整个坏消息的39.66%，而好消息相应的比例则只有29.51%左右。

表7-2　　盈余预告消息类型的周历统计

周历	A栏　坏消息样本的周历统计						B栏　好消息样本的周历统计					
	续亏	首亏	预减	略减	坏消息合计		续盈	扭亏	略增	预增	好消息合计	
	数量	数量	数量	数量	数量	占比(%)	数量	数量	数量	数量	数量	占比(%)
星期一	9	26	21	3	59	3.58	3	17	12	154	186	6.28
星期二	39	122	141	24	326	19.77	8	76	30	594	708	23.9
星期三	29	129	144	18	320	19.41	6	68	40	498	612	20.66
星期四	37	126	117	10	290	17.59	13	72	29	468	582	19.65
星期五	36	126	138	20	320	19.41	9	67	32	445	553	18.67
星期六	32	116	171	15	334	20.25	3	46	23	249	321	10.84
合计	182	645	732	90	1 649	100	42	346	166	2 408	2 962	100

由于周五是一周中的最后一个工作日，投资者对股票信息的关注程度可能受到即将来临的周末休闲计划的影响而降低，周六是股市的休息日，投资者对股市信息的关注程度也将降低（Dellavigan and Pollet，2009）。因此，本书将预告日发生在周五和周六的样本分为一组，统称为周末组，并赋值为1；预告日所在为其他周历时，统称为非周末组，赋值为0。公告日所在周历进行这种分组后的变量命名为week 1。

另外，为了更详细地研究各个周历的投资者注意力分散程度，我们还定义了变量week 2。当盈余预告日是星期一时将其赋值为1，盈余预告日是星期二时赋值为2，其他依此类推。

4. 竞争性信息数量

number——竞争性信息的数量，指同一天公布的盈余预告信息的条数。

将number进行分组。第一种分组是将number按从小到大平均分为两组，信息少组和信息多组，并分别赋值为1和2，此时分组赋值后的变量命名为number1。按消息性质及分组进行统计后的结果如表7-3所示。

表7-3　　每日盈余预告数量按消息性质进行分组后的统计

	数量	平均值	标准差	最小值	最大值
A栏　每日坏消息数量的分组统计					
少信息日组	699	3.914163	1.960516	1	7
多信息日组	950	25.71895	18.78484	8	84
合计	1 649	16.47605	17.91666	1	84
B栏　每日好消息数量的分组统计					
少信息日组	1 322	3.952345	2.021833	1	7
多信息日组	1 640	20.59207	14.72916	8	84
合计	2 962	13.16543	13.79697	1	84

另外，为了更精准地进行研究，本书对number变量第二种赋值后的变量用number2表示，按照公司盈余预告日当天公布的消息的数量由小到大进行排序后平均分为6组，并分别赋值1~6。

5. 其他控制变量的定义

本书考察投资者注意力分散程度是否受信息披露所在周历和竞争性信息的影响。因此，在控制盈余预告消息类型的同时，还应该控制影响投资者对盈利预测反应的其他变量。参照国内外学者的研究，主要选取如下控制变量：

size——公司规模，按上市公司上年年末的总资产取10为底的对数来衡量。

BM——账面市值比，按上市公司上年末的所有者权益与总市值的比值计算得到。

Institute——盈余预告报告期的机构投资者比例。wind数据库中没有现成的机构投资者比例数据，因此，本书的机构投资者比例用基金持股比例、券商集合理财持股比例、保险公司持股比例以及社保基金的持股比例、QFII持股比例再加上其他结构的持股比例之和来衡量。

precision——盈余预告信息的精度，盈余预告信息的精确度表现为两分的哑变量。如果盈余预告信息的精确度较低，表现为定性的趋势性预测（亏损、盈利、扭亏、续盈等）或者盈利上升或下降50%的预测，则这类盈余预告的观察值赋值为0；其余较高精确度的盈余预告（包括部分开区

间、闭区间和点预测）赋值为1。

Accuracy——盈余预告信息的准确程度，用盈余预告公告日到该季报或年报定期披露的日期之间的天数来衡量。它们之间的间隔天数越小，盈余预告的准确程度就越高，Accuracy 就越大。

7.2 投资者注意力分散假说检验

7.2.1 基本统计特征

1. 盈余预告样本的描述性统计

每日盈余预告数目及盈余预告样本的年度统计结果如表7-4所示。

表7-4　每日盈余预告数量的描述性统计

分组	样本数	平均值	标准差	最小值	最大值
A栏：按周历分组进行统计					
非周末	3 083	13.62536	12.44865	1	56
周末	1 528	15.81021	20.17901	1	84
B栏：按盈余预告消息类型分组进行统计					
坏消息	1 649	16.47605	17.91666	1	84
好消息	2 962	13.16543	13.79697	1	84
C栏：按每日盈余预告数目分组进行统计					
少信息日组	2 021	3.939139	2.000435	1	7
多信息日组	2 590	22.47259	16.51648	8	84
D栏：按盈余预告发生年份分组进行统计					
2003	224	4.053571	2.112696	1	9
2004	542	11.97417	12.36518	1	38
2005	505	9.150495	7.84884	1	28
2006	530	7.29434	6.382289	1	27
2007	781	10.39821	6.869774	1	25
2008	913	12.98248	9.653976	1	41

续表

分组	样本数	平均值	标准差	最小值	最大值
D栏：按盈余预告发生年份分组进行统计					
2009	948	25.827	23.41954	1	84
2010	168	34.65476	17.62313	1	49
合计	4 611	14.34938	15.47704	1	84

从每日盈余预告数量的消息类型来看，坏消息预告的集中程度较好消息要高。坏消息每日盈余预告数量为16，而好消息则只有13。同时，对它们之间差别的显著性做了检验，发现好消息和坏消息盈余预告的集中程度是显著有差别的。

从每日盈余预告数量的周历分布来看，周末盈余预告的集中程度较高，周五和周六每日公布的盈余数目大约为16，而非周末则大约为14。同样，我们发现周末盈余预告集中程度显著高于非周末。

从盈余预告发生的年份来看，盈余预告的数量总体上呈上升的趋势，这说明我国盈余预告的制度日趋完善，投资者所掌握的信息也越来越多。

2. 主要变量的描述性统计

同时，我们对影响盈余预告消息反应程度的相关变量进行了统计，结果如表7－5所示。

表7－5　　主要变量的描述性统计

变量名	样本数	平均值	标准差	最小值	最大值
CAR	4 611	－0.00082	0.050555	－0.20801	0.415774
newstype	4 611	5.799176	2.612835	1	8
number1	4 611	1.5617	0.496232	1	2
week1	4 611	0.331382	0.470761	0	1
number2	4 611	3.62481	1.674676	1	6
week2	4 611	3.663414	1.490652	1	6
size	4 535	9.311277	0.493156	7.435935	11.87635

续表

变量名	样本数	平均值	标准差	最小值	最大值
BM	4 526	0.383633	0.204397	-2.441	1.081258
precision	4 611	0.418564	0.493377	0	1
accuracy	4 602	35.64668	27.25911	0	147
institute	4 045	20.02712	19.44511	0	92.6687

注：BM 的数值出现负值，是因为在公司的负债大于资产时，所有者权益是负的。

3. 变量的相关系数

变量的相关系数如表7-6所示。从表中我们可以看出，各解释变量之间并不存在严重的多重共线性问题。

表7-6　　相关系数表

		1	2	3	4	5	6	7	8	9
newstype	1	1.000								
number2	2	-0.083	1.000							
week2	3	-0.116	0.019	1.000						
newstype * number2	4	0.656	0.630	-0.065	1.000					
newstype * week2	5	0.678	-0.046	0.589	0.454	1.000				
size	6	0.111	0.066	0.008	0.122	0.072	1.000			
BM	7	-0.004	-0.042	0.007	-0.047	0.004	-0.007	1.000		
institute	8	0.205	0.090	-0.007	0.208	0.146	0.334	-0.120	1.000	
precision	9	-0.047	0.061	0.021	0.013	-0.019	-0.026	0.003	0.062	1.000
accuracy	1	-0.054	0.033	0.093	-0.031	0.022	0.030	0.005	0.019	-0.100

注：newstype * number2、newstype * week2 分别是 newstype 和 number2、week2 的交互项。

7.2.2　投资者对盈余预告信息的及时反应

1. 盈余预告的不同周历反应

投资者对周五和周六公布的盈余预告信息的及时反应与对其他周历公

布的盈余预告信息的及时反应的对比情况见图 7 – 1。

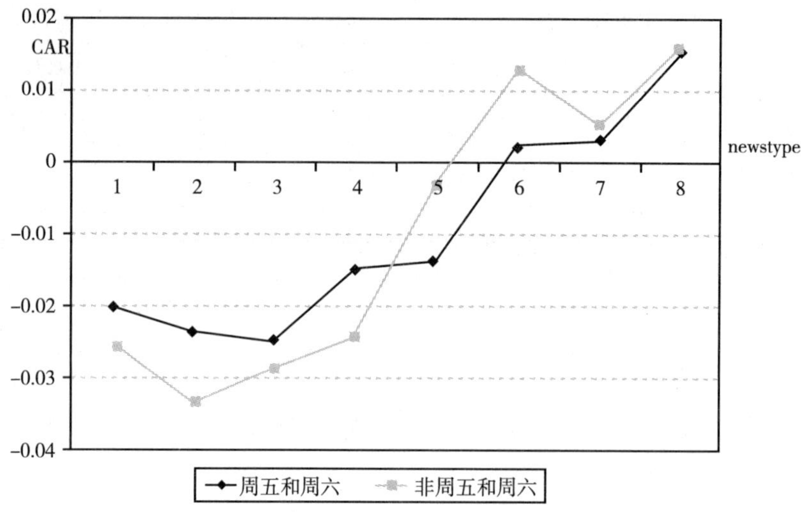

图 7 – 1　投资者对不同周历公布的盈余预告的反应

从图 7 – 1 中可以看出，对于坏消息，也即 newtype 为 1 ~ 4 时，相比周五和周六的公告，其他周历的累积超额收益的负值要更大；对于好消息，也即 newtype 为 5 ~ 8 时，相比周五和周六的公告，其他周历的累积超额收益的也更大。

因此，相比其他周历，投资者对周五和周六公布的盈余预告信息的及时反应小，因而投资者对此时公布的信息更易忽视。

2. 竞争性信息对盈余预告反应的影响

投资者对不同信息数量日公布的盈余预告的反应对比情况见图 7 – 2。

同样，从图 7 – 2 中我们可以得知，信息多日的盈余预告的及时反应要小于信息少日。投资者对信息的关注程度确实会因为竞争性信息的增加而降低。

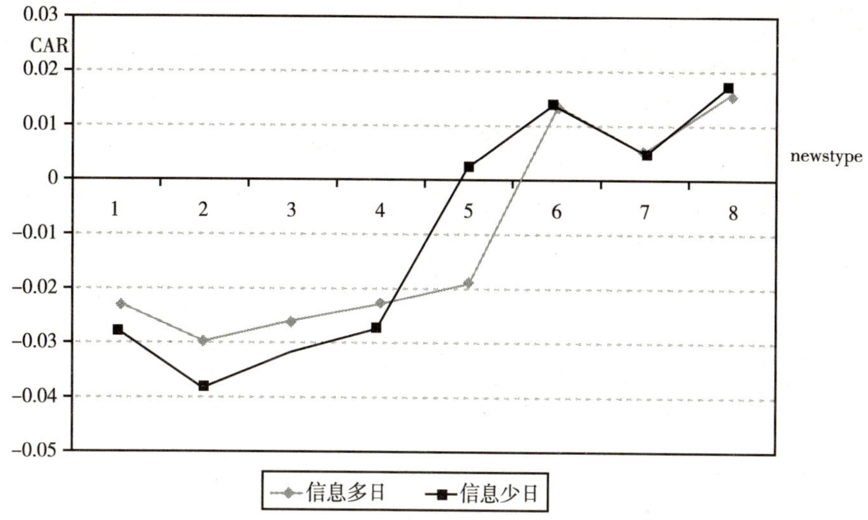

图7-2 投资者对不同信息数量日公布的盈余预告的反应

7.2.3 投资者注意力分散存在性检验

1. 多元回归方程设定

$$CAR = \beta_0 + \beta_1 newstype + \beta_2 numbern + \beta_3 weekn + \beta_4 newstype * numbern + \beta_5 newstype * weekn + \sum_{i=1}^{m} \alpha_{it} X_{it} + \sum_{i=1}^{m} \gamma_{it}(newstype * X_{it}) + \sum \eta_k year + \varepsilon_{it}(n = 1,2) \tag{7.3}$$

其中：

$n=1$ 时，表示按照 number1 和 week1 分组——即周历分为周末组和非周末两组，盈余预告数目分为多信息日和少信息日组；

$n=2$ 时，表示按照 number2 和 week2 进行分组，每日盈余预告数量分为六组，同时，将周一到周六也分为六组；

X 为所有其他控制变量，$newstype * X$ 为盈余预告信息类型与控制变量的交互项。

2. 多元回归分析结果

（1）$n=1$，即按照 number1 和 week1 进行分组后的多元回归分析的结果如表7－7所示。

我们以模型2为例进行分析。

表7－7　投资者对不同周历和不同信息数量日公布的盈余预告信息的反应（$n=1$）

变量名	模型1 CAR	模型2 CAR	模型3 CAR	模型4 CAR
newstype	0.0161 *** (0.00565)	0.0146 ** (0.00566)	0.0137 ** (0.00561)	0.0149 *** (0.00566)
number1	0.00606 * (0.00350)	0.00400 (0.00354)		0.00354 (0.00355)
week1	0.0154 *** (0.00380)	0.0163 *** (0.00381)	0.0161 *** (0.00381)	
newstype * number1	−0.000885 * (0.000590)	−0.000720 (0.000591)		−0.000636 (0.000592)
newstype * week1	−0.00234 *** (0.000603)	−0.00246 *** (0.000604)	−0.00243 *** (0.000604)	
size	0.00470 (0.00379)	0.00339 (0.00381)	0.00357 (0.00380)	0.00442 (0.00380)
newstype * size	−0.000510 (0.000611)	−0.000358 (0.000612)	−0.000386 (0.000611)	−0.000473 (0.000612)
BM	−0.0262 *** (0.00736)	−0.0272 *** (0.00736)	−0.0274 *** (0.00736)	−0.0267 *** (0.00738)
newstype * BM	0.00420 *** (0.00130)	0.00436 *** (0.00134)	0.00442 *** (0.00134)	0.00425 *** (0.00134)
institute	0.000424 *** (0.000104)	0.000348 *** (0.000106)	0.000356 *** (0.000106)	0.000361 *** (0.000106)
newstype * institute	−8.36e−05 *** (1.61e−05)	−7.71e−05 *** (1.62e−05)	−7.84e−05 *** (1.62e−05)	−7.90e−05 *** (1.62e−05)
precision	0.0159 *** (0.00374)	0.0146 *** (0.00378)	0.0149 *** (0.00377)	0.0153 *** (0.00379)
newstype * precision	−0.00120 ** (0.000581)	−0.00111 * (0.000581)	−0.00116 ** (0.000580)	−0.00121 ** (0.000582)
accuracy	−2.47e−05 (6.33e−05)	−2.97e−05 (6.35e−05)	−2.74e−05 (6.34e−05)	5.39e−07 (6.33e−05)

续表

变量名	模型1 CAR	模型2 CAR	模型3 CAR	模型4 CAR
newstype * accuracy	-1.02e-05 (1.03e-05)	-1.07e-05 (1.03e-05)	-1.09e-05 (1.03e-05)	-1.51e-05 (1.03e-05)
Constant	-0.111 *** (0.0347)	-0.0871 ** (0.0364)	-0.0820 ** (0.0361)	-0.0909 ** (0.0364)
year	No	Yes	Yes	Yes
Observations	3 964	3 964	3 964	3 964
R-squared	0.193	0.197	0.197	0.193
F	62.99 ***	43.94 ***	48.26 ***	47.21 ***

注：括号中是标准方差的值；*** 表示 $p<0.01$，** 表示 $p<0.05$，* 表示 $p<0.1$；回归方程中的观察值最后只剩下 3 964 个是因为上市公司有关的特征变量数据不全。

在模型2中，newstype * week1 的系数为 -0.00246，在1%的水平上显著，说明投资者对周五和周六公布的盈余预测信息的反应较其他周历的要低0.246%。week1 的系数为0.0163，在1%的水平上显著，这就暗示了除去消息类型影响反应程度的那部分外，盈余预告在周五和周六（week1 = 1）的市场反应比盈余预告在其他周历（week1 = 0）的市场反应要低0.492%①。这验证了我们的研究假设1：投资者在周五和周六的时候较其他周历的注意力更趋分散。

同理，newstype * number1 系数为 -0.000720，在10%的水平上显著，说明多信息日的市场反应比少信息日低0.0720%。newstype 的系数为0.01460，在5%的水平上显著，暗示了盈余在多信息日（number1 = 2）的市场反应比盈余在少信息日（number1 = 1）的市场反应要低0.144%②。这就验证了我们的研究假设2：投资者在信息多日更容易注意力分散，对盈余预测信息的及时反应不足。

其他控制变量的回归结果与先前学者的研究都相一致。在控制了盈余预告消息类型的情况下，公司规模与累积超额收益负相关，但在统计上不显著；账面市值比、机构投资者的持股比例与累积超额收益在1%的水平

① $-0.00492 = [0.0163 + (-0.00246 \times 2)] - 0.0163$

② $-0.00144 = [0.0146 + (-0.00720 \times 2)] - 0.0146$

上显著正相关；盈余预告信息的精确程度与累积超额收益在5%的水平上显著负相关。

（2）$n=2$，即按照number2和week2进行分组后的多元回归分析的结果如表7－8所示。

表7－8中各数值的含义与表7－7相同。

表7－8　投资者对不同周历和不同信息数量日公布的盈余预告信息的反应（$n=2$）

变量名	模型5 CAR	模型6 CAR	模型7 CAR	模型8 CAR
newstype	0.0174*** (0.00564)	0.0161*** (0.00565)	0.0156*** (0.00564)	0.0145*** (0.00563)
number2	0.00179* (0.00107)	0.00112 (0.00109)		0.00104 (0.00109)
week2	0.00433*** (0.00123)	0.00457*** (0.00123)	0.00455*** (0.00123)	
newstype * number2	−0.000281* (0.000171)	−0.000252 (0.000171)		−0.000240 (0.000172)
newstype * week2	−0.000667*** (0.000193)	−0.000713*** (0.000193)	−0.000709*** (0.000193)	
size	0.00466 (0.00380)	0.00331 (0.00381)	0.00356 (0.00381)	0.00433 (0.00380)
newstype * size	−0.000498 (0.000612)	−0.000336 (0.000613)	−0.000383 (0.000612)	−0.000453 (0.000612)
BM	−0.0260*** (0.00736)	−0.0268*** (0.00736)	−0.0268*** (0.00736)	−0.0269*** (0.00737)
newstype * BM	0.00415*** (0.00130)	0.00430*** (0.00134)	0.00431*** (0.00134)	0.00429*** (0.00134)
institute	0.000433*** (0.000104)	0.000353*** (0.000106)	0.000367*** (0.000106)	0.000354*** (0.000106)
newstype * institute	−8.47e−05*** (1.61e−05)	−7.80e−05*** (1.62e−05)	−8.01e−05*** (1.62e−05)	−7.81e−05*** (1.63e−05)

续表

变量名	模型 5 CAR	模型 6 CAR	模型 7 CAR	模型 8 CAR
precision	0.0159 *** (0.00375)	0.0146 *** (0.00379)	0.0150 *** (0.00377)	0.0151 *** (0.00379)
newstype * precision	-0.00119 ** (0.000582)	-0.00109 * (0.000582)	-0.00117 ** (0.000580)	-0.00118 ** (0.000583)
accuracy	-1.66e-05 (6.33e-05)	-1.93e-05 (6.35e-05)	-1.63e-05 (6.32e-05)	-7.89e-08 (6.34e-05)
newstype * accuracy	-1.11e-05 (1.03e-05)	-1.21e-05 (1.03e-05)	-1.23e-05 (1.03e-05)	-1.52e-05 (1.03e-05)
Constant	-0.119 *** (0.0345)	-0.0966 *** (0.0362)	-0.0940 *** (0.0361)	-0.0888 ** (0.0362)
year	No	yes	yes	yes
Observations	3 964	3 964	3 964	3 964
R-squared	0.192	0.196	0.196	0.193
F	62.70 ***	43.78 ***	48.02 ***	47.29 ***

注：括号中是标准方差的值；*** 表示 $p<0.01$，** 表示 $p<0.05$，* 表示 $p<0.1$；回归方程中的观察值最后只剩下 3 964 个是因为上市公司有关的特征变量数据不全。

以模型 6 为例对结果进行分析。

newstype * week2 的系数为 -0.000713，在 1% 的水平上显著，说明周期中的后一天的市场反应要比前一天低 0.0713%。week2 的系数为 0.00457，在 1% 的水平上显著，这就暗示了盈余预告在周六（week2 = 6）的市场反应比盈余预告在周一（week2 = 1）的市场反应要低 0.4278%①。周五相比周一市场反应要低 0.3563%，同样验证了我们的研究假设 1。

newstype * number2 的系数为 -0.000252，在 10% 的水平上显著，说明多信息日的市场反应比少信息日低 0.0252%。newstype 的系数为 0.0161，在 5% 的水平上显著，这就暗示了盈余在多信息日（number2 = 6）的市场反应比盈余在少信息日（number2 = 1）的市场反应要低 0.1512%②。同样

① $-0.004278 = [0.00457 + (-0.000713 \times 6)] - 0.00457$

② $-0.001512 = [0.0161 + (-0.000252 \times 6)] - 0.00161$

验证了我们的研究假设2。

7.3 投资者注意力分散与披露时机选择关系的研究

上一节的研究中，我们对投资者注意力分散是否存在进行了检验，结果表明：我国投资者对多信息日以及周五和周六公布的盈余预告消息更容易忽视。那么，上市公司的管理者在披露自己的盈余预告信息尤其是业绩预悲信息时是否会考虑投资者的注意力分散，倾向于在投资者注意力分散的时候公布坏消息呢？下面我们来考察上市公司盈余预告信息披露时机的选择特征。

7.3.1 基本情况描述

1. 盈余预告坏消息的比例按周历进行统计

图7－3对不同周历的盈余预告坏消息的比例进行了分析。

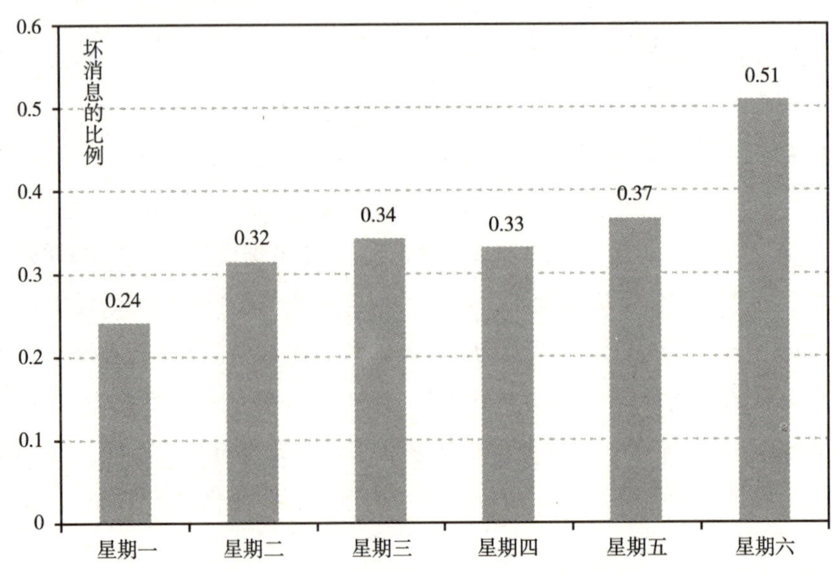

图7－3 不同周历盈余预告坏消息的比例

从图7－3中可以看出，坏消息更倾向于在周五和周六进行公布，这两天中坏消息的比例分别为37%和51%，而周一公布盈余预告坏消息的比例最小，为24%。

2. 盈余预告坏消息的比例按日信息数量分组进行统计

图7－4对不同盈余预告信息日中的坏消息比例进行了分析。

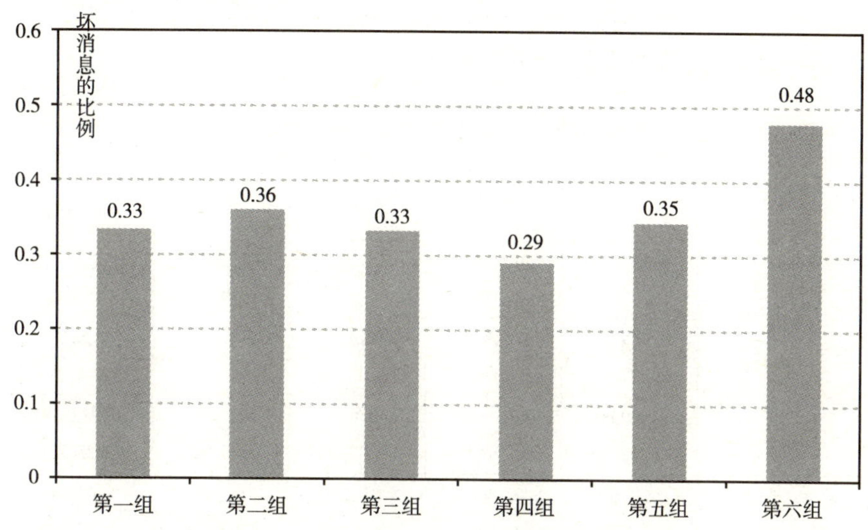

图7－4　不同信息数量日盈余预告坏消息的比例

从图7－4中可以看出，坏消息更倾向于在竞争性信息多的时候进行公布。总体来说，第五组和第六组的消息中坏消息的比例较大，分别为35%和48%。

7.3.2　投资者注意力分散对披露时机决策的影响

1. 回归模型

定义新变量newtype1，盈余预告的消息为坏消息时赋值为1，好消息赋值为0。运用logit回归方法对上市公司盈余预告信息披露的时机进行研究。检验的模型如下：

$$\ln\left(\frac{p}{1-p}\right) = \beta_0 + \beta_1 numbern + \beta_2 weekn + \sum_{i=1}^{m} \alpha_{it} X_{it} + \varepsilon_{it} (n = 1,2) \tag{7.4}$$

其中，n 取 1 时和 n 取 2 时的定义以及其他变量的定义都与前述相同。

2. 回归结果分析

（1）$n=1$，即按照 number1 和 week1 进行分组后的多元回归分析

最后的回归结果如表 7－9 所示。

表 7－9　　公司盈余预告披露时机选择的回归结果（$n=1$）

变量名	模型 1	模型 2	模型 3	模型 4	模型 1 Odds Ratio
number1	0.252*** (0.0709)	0.0860 (0.0781)		0.0687 (0.0778)	1.2861*** (0.0911)
week1	0.453*** (0.0719)	0.438*** (0.0785)	0.434*** (0.0784)		1.572477*** (0.1131)
size	－0.0588 (0.0750)	－0.0957 (0.0795)	－0.0953 (0.0795)	－0.0863 (0.0792)	0.9428897 (0.07072)
BM	0.0463 (0.175)	－0.334* (0.197)	－0.337* (0.197)	－0.344* (0.198)	1.047368 (0.183641)
institute	－0.0222*** (0.00209)	－0.0325*** (0.00243)	－0.0326*** (0.00243)	－0.0327*** (0.00242)	0.9780769*** (0.00204)
precision	0.179** (0.0695)	－0.0184 (0.0761)	－0.0205 (0.0760)	－0.0148 (0.0757)	1.195798** (0.083149)
accuracy	0.00278** (0.00124)	0.000838 (0.00134)	0.000851 (0.00134)	0.00109 (0.00133)	1.002788** (0.001244)
Constant	－0.427 (0.698)	－0.532 (0.935)	－0.446 (0.932)	－0.325 (0.932)	
year	No	Yes	Yes	Yes	－2 277.1126
Log likelihood	－2 459.4307	－2 277.1126	－2 277.7198	－2 292.591	565.74
LR chi2	201.10	565.74	564.52	534.78	0.1105
Pseudo R^2	0.0393	0.1105	0.1103	0.1044	3 964
Observations	3 964	3 964	3 964	3 964	1.2861***

注：括号中是标准方差的值；*** 表示 $p<0.01$，** 表示 $p<0.05$，* 表示 $p<0.1$；回归方程中的观察值最后只剩下 3 964 个是因为上市公司有关的特征变量数据不全。

以表7－9中的model1为例对回归结果进行分析。同样，表7－9中的数据的含义与表7－5同。

表7－9中，在盈余预告时机选择的模型1中，number1的系数为0.252，并在1%的水平下显著，说明上市公司在每日盈余预告信息多日披露自己的盈余预告坏消息的可能性达到了25.2%。week1的系数为0.453，也在1%的水平下显著，说明上市公司在周五和周六披露盈余预告坏消息的可能性达到了45.3%。同时，number1的比值比为1.2861，意味着公司在每日盈余预告信息多日披露盈余预告坏消息的可能性是每日盈余预告信息少日披露盈余预告坏消息的1.286倍。week1的比值比为1.572477，意味着公司在周五和周六公布盈余预告坏消息的可能性是在其他周历公布盈余预告坏消息的1.57倍。

回归分析结果证明了本书的研究假设3，也即：公司管理者在选择盈余预告时机时，更倾向于在投资者注意力分散的时候公布坏消息。

（2）$n=2$，即按照number2和week2进行分组后的多元回归分析。

回归分析结果如表7－10所示。

同样，表7－10中的数据的含义与表7－7同。

表7－10　　公司盈余预告披露时机选择的回归结果（$n=2$）

变量名	模型5	模型6	模型7	模型8	模型5 Odds Ratio
number2	0.137*** (0.0212)	0.0532** (0.0234)		0.0475** (0.0232)	1.1464*** (0.0243)
week2	0.165*** (0.0236)	0.154*** (0.0253)	0.151*** (0.0252)		1.179257*** (0.0279)
size	－0.0691 (0.0753)	－0.0952 (0.0795)	－0.0930 (0.0795)	－0.0879 (0.0792)	0.9332 (0.0703)
BM	0.0586 (0.176)	－0.331* (0.198)	－0.332* (0.197)	－0.347* (0.198)	1.0604 (0.1862)
institute	－0.0228*** (0.00211)	－0.0322*** (0.00244)	－0.0323*** (0.00243)	－0.0326*** (0.00242)	0.9775*** (0.0021)
precision	0.159** (0.0699)	－0.0185 (0.0762)	－0.0205 (0.0761)	－0.0146 (0.0757)	1.172787** (0.08203)

续表

变量名	模型5	模型6	模型7	模型8	模型5 Odds Ratio
accuracy	0.00241* (0.00125)	0.000734 (0.00134)	0.000790 (0.00134)	0.00105 (0.00133)	1.002415* (0.00125)
Constant	−0.875 (0.701)	−0.947 (0.937)	−0.877 (0.936)	−0.311 (0.930)	
year	No	Yes	Yes	Yes	−2 439.5038
Log likelihood	−2 439.5038	−2 272.1965	−2 274.7964	−2 290.8769	240.95
LR chi2	240.95	575.57	570.37	538.21	0.0471
Pseudo R^2	0.0471	0.1124	0.1114	0.1051	3 964
Observations	3 964	3 964	3 964	3 964	1.1464***

注：括号中是标准方差的值；*** 表示 $p<0.01$，** 表示 $p<0.05$，* 表示 $p<0.1$；回归方程中的观察值最后只剩下 3 964 个是因为上市公司有关的特征变量数据不全。

$n=2$ 时的盈余预告时机选择的模型与 $n=1$ 时的盈余预告时机选择模型的结果相似，也同样证明了我们的研究假设3。在此不再重复进行说明。

7.4 本章小结

与业绩相关的信息尤其是坏消息的集中披露现象非常明显，传统理论对此现象的解释已然失去其原有的魅力。行为金融学的兴起似乎给此研究领域带来了新的生机。本书的第 4 章和第 5 章从公司管理者行为的角度来探讨坏消息集中披露模式形成的原因。本章则以心理学上的投资者注意力分散理论作为切入点，以盈余预告作为研究对象，试图从投资者行为的视角来解释业绩预悲坏消息的集中披露现象。

首先，证实了投资者对盈余预告信息的关注程度会受到公告所处周历以及同一天公布的盈余预告信息数量的影响。具体为：周五和周六以及多信息日公布的盈余预告信息更容易被投资者忽视。

其次，对盈余预告披露时机与投资者注意力分散的关系进行了研究。发现：上市公司为了减少股价的剧烈的负向波动，倾向于在投资者注意力

更为分散的周五、周六以及多信息日披露业绩预悲坏消息，进而形成坏消息的集中披露现象。

本章将投资者注意力分散扩展到其对公司信息披露时机决策的影响方面，丰富了投资者意力分散的研究。而从投资者注意力分散的视角对坏消息集中披露的行为做出解释，则给披露时机决策的研究注入了新的活力。

第8章 总结和启示

前文全面评述了传统信息披露决策的文献，系统地梳理了管理者羊群行为、投资者注意力分散及其与信息披露时机决策的关系，并检验了管理者羊群行为、投资者注意力分散对我国上市公司业绩预悲披露“群聚”现象的影响。本章对全书进行总结，主要说明本书的研究结论，提出研究启示与政策建议，并指出本书研究局限性和未来的研究方向。

8.1 研究总结

信息披露时机选择、管理者羊群行为以及投资者注意力分散的研究都是财务金融学领域当中的重要研究内容，然而将这些不同的理论结合在一起进行的研究则较为少见。

本书发现了我国上市公司业绩预告披露尤其是预悲信息披露的“群聚”现象，并试图从行为金融学的视角对这一现象产生的原因进行深层次的分析。以心理学理论分析、公司价值最大化模型、贝叶斯学习法则、目标函数的公司价值最大化模型、概率的伽马分布等为基础，分别构建了管理者羊群行为和投资者注意力分散与信息披露时机决策关系的模型，并以我国上市公司业绩预告信息数据为研究对象，运用计量经济学方法当中的多元回归分析、面板数据分析、比例风险模型、logit 模型对提出的研究假设加以检验。具体总结如下：

1. 我国上市公司盈余预告信息披露的时间特点

首先，以上市公司 2003 ~ 2008 年的各季报、中报和年报中的 12 552 个业绩预告信息为样本，对盈余预告信息披露的分布特点进行了分析，发现：从预告信息的周历分布来看，主要集中在周二公布；从发布信息所处的月份来看，主要集中在十月份和四月份公布；而从盈余预告信息的披露时间来看，主要集中在两个区间：一个是财政季度结束后的一个月内之内，一个是财政季度第一月中旬开始后的两个半月中，两者之和占了总样本的 90.51%。因此，我国业绩预告信息披露存在明显的“群聚”现象。其次，我们对不同性质的预告信息披露的时间分布及披露的集聚程度进行了比较，发现：好消息和坏消息的披露时间在季度、月度及年度分布上与总样本没有太大区别，但在周历分布上，则有不同，主要是好消息以周二和周三最多，坏消息以周六和周五最多。在披露的集聚程度上，对于好消息，集中披露的两个区间的样本数为总样本的 73.08%，而这一比例在坏消息中则达到了 91.18%，从而相比好消息，坏消息的集中披露程度更高。

2. 信息披露时机决策中管理者羊群行为作用机理及其与信息披露模式关系的研究

分析了管理者羊群行为产生的制度背景和经济动因，在构建的单公司管理者进行信息披露时机决策时，对各个时点的各种收益、成本之间权衡而选择一个使自身效用最大化的披露时机的模型的基础上，进一步从其他公司披露决策如何内生性动态的影响金融市场而非产品市场的角度，来考察披露时机策略。在公司市场价值与其他公司披露信息相关且可以在其他公司披露之前披露本公司信息的条件下，构建的模型分析了其他公司的不同性质的信息如何影响公司披露的临界值以及投资者对公司类型的判断，进而形成不同的披露模式。模型得出：信息披露的不同模式取决于其他公司披露的信息水平，具体表现为：（1）其他公司的坏消息披露会加速公司未来的信息披露，增加未来信息披露的概率，进而形成坏消息披露的集聚现象；（2）其他公司好消息的披露会减少公司未来信息披露的概率，进而好消息的披露相比坏消息披露来说会更趋于分散。

3. 管理者羊群行为与业绩预悲披露的“群聚”现象的实证研究

将在管理者受其他公司影响条件下的信息披露时机决策模型中得出的结论，应用我国上市公司2003~2008年上市发行A股公司各季度的391个跟随者的业绩预警公告为样本来对其进行检验。在实证分析中，将生存分析引入到金融经济学研究中，在对生存时间分布进行拟合分析的基础上，运用威布尔比例风险模型来检验信息披露时机决策当中的管理者羊群行为的存在性。结果表明：管理者在特定的某天进行公司业绩预悲披露的概率与先前进行了业绩预悲披露的同类公司数量正相关。而且披露业绩预悲信息的公司数量每增加1时，跟随者在特定的某天进行业绩预悲公告的可能性会增加13.2%。因此，信息披露时机决策当中存在着管理者的羊群行为，而且这种羊群行为是业绩预悲披露“群聚”现象产生的一个重要原因。同时，我们对不同性质的预告信息披露时机决策中的管理者羊群效应进行了比较，发现：业绩预喜信息披露当中的管理者羊群效应比业绩预悲信息披露中的管理者羊群效应要小接近2/3。这进一步为管理者在面对坏消息时，为了保持自己的声誉及减少责任分担而通过更快的披露信息的方式来影响外部评估者，使外部评估者将坏消息产生的原因更多地归于外部因素的激励提供了经验证据。

4. 信息披露时机决策中投资者注意力分散作用机理的理论研究

以经典的投资组合选择模型为基础，进一步假设下一期的股利信息是一个公共信号，所有投资者都知道这个公告信号，但是对这个信号进行注意的投资者的比例有所不同。在此假设下，构建模型来分析投资者注意力分散对信息披露时机决策的影响。具体分析管理者的信息披露时机的决策，是选择在疏忽投资者比例较高的时候公布这个信息还是在疏忽投资者比例较低的时候公布这个信息。模型发现：投资者对信号的及时反应是随着疏忽投资者的比例的增加而减少。也即是说，在投资者注意力更为分散的时候，股票价格对信息的及时反应不足。基于此，上市公司的管理者就有可能利用投资者在大量信息条件下的有限注意力而择机选择披露时机，具体来说，倾向于在投资者注意力较为分散的时候公布坏消息。

5. 投资者注意力分散与业绩预悲披露的“群聚”现象的实证研究

将在投资者对于股利信号都知晓但对其的注意的投资者比例不同的条件下管理者的信息披露时机决策模型中得出的结论，应用我国沪深 A 股上市公司 2003 ~2009 年的各季报、中报和年报的 5 088 个的业绩预警公告为样本来对其进行检验。首先在文献研究的基础上，得出投资者注意力更为分散的时间情况，即：竞争性信息的数量和信息公告所处的周历都会影响投资者的注意力。在实证分析中，运用公告日当天及其后一天的累计超额收益（CAR）来度量市场对盈余预告信息的及时反应，并将此作为投资者注意力分散程度的替代变量。研究发现：相比其他周历，投资者对周五和周六公布的盈余预告信息的及时反应小因而投资者对此时公布的信息更易忽视；信息多日的盈余预告的及时反应要小于信息少日，投资者对信息的关注程度确实会因为竞争性信息的增加而降低。同时，我们对上市公司的管理者在披露自己的盈余预告信息尤其是业绩预悲信息时是否会考虑投资者的注意力分散，倾向于在投资者注意力分散的时候公布坏消息，运用 proit 模型进行了检验，发现：上市公司在每日盈余预告信息多日披露自己的盈余预告坏消息的可能性达到了 25.2%，在周五和周六披露盈余预告坏消息的可能性达到了 45.3%。而且公司在每日盈余预告信息多日披露盈余预告坏消息的可能性是每日盈余预告信息少日披露盈余预告坏消息的 1.286 倍，在周五和周六公布盈余预告坏消息的可能性是在其他周历公布盈余预告坏消息的 1.57 倍。因此，公司管理者更倾向于在投资者注意力分散的时候公布坏消息。投资者注意力分散也是业绩预悲披露“群聚”现象产生的一个重要原因。

8.2 研究启示与政策建议

对信息披露时机决策的研究历经了很长时间的发展，理性人假设开始受到质疑，以往被忽略的人的心理和行为因素逐渐被引入到主流研究中去，对信息披露的研究转向更为真实、更为人性化的视角。本书的理论研究和实证研究结果都表明，管理者羊群行为和投资者注意力分散都是业绩预悲披露“群聚”现象产生的重要原因，而这种信息的集中披露现象势必会扰乱投资者的投资策略、损害相关公司的利益以及降低市场的效率。因此，应该从以下几个方面来削弱这些行为对信息披露时机策略的影响：

从宏观政策制订者角度看，要引导上市公司均衡披露信息，以保护投资者利益、促进整个资本市场的持续健康发展，就不能忽视上市公司高管的心理、行为因素以及投资者的心理因素，而必须通过创造一个公平、公正、公开的市场环境和政策环境来对这些因素进行因势利导，以达到趋利避害的目的。必须完善上市公司信息披露制度，减少投资者与公司内部人之间的信息不对称，增加市场透明度和市场有效性，降低管理者羊群行为产生的可能性。使得业绩差的公司无法通过模仿其他公司的信息披露时机决策就达到鱼目混珠的目的，而业绩好的公司能够有效地被投资者识别，树立形象，缓解来自群体的压力，按照自身实际需要来决定信息披露的时间，及时获得资金和发展机会。

从公司管理者的角度看，随着我国资本市场和上市公司披露制度的不断发展和完善，广大投资者也不断成长，对上市公司信息披露时机的看法和观点也从简单幼稚逐渐走向成熟，制订合理的信息披露时机，维持公司的长期健康增长，必须加强对自身的心理和行为偏差的认识，并采取有效的措施来减轻其不良影响。市场透明度的增加和投资者的成熟使得单纯通过模仿其他公司信息披露时机的手段逐渐难以奏效，与其追随他人，或利用投资者的注意力分散，不如踏踏实实走自己的路。

从投资者的角度看，做到正确识别面对的大量信息既受外部因素的资本市场和公司披露制度的约束，更受到投资者自身识别能力的影响，投资者不应该肤浅地看待公司信息披露时机，而应该更趋理性，更多关注公司的成长性等基本面的信息。管理者此时就无法利用投资者对信息的非理性判断而做出信息披露时机策略，进而造成信息的集中披露。

8.3 研究的不足之处及其展望

信息及其在资本市场中的传播效率是资本市场实现其“晴雨表”功能

和有效配置资源的重要保证之一。而信息不对称是影响资本市场这一基本功能正常发挥的主要障碍。为了降低信息不足引发的信息不对称，世界各国都推出相应的信息披露制度，以增加信息披露的数量和质量。

我国正处于转型过程中，信息披露有关制度及监管等方面还不够完善，公司管理者基于自身利益最大化的目标对披露时间予以操控的现象也较为严重，而各类披露制度的出台使得信息数量呈几何级数增加而在投资者中间出现了一种“信息恐慌论”，信息过载由此也成了资本市场中的一个新问题。因此，通过对受其他公司信息影响下的披露决策的研究以及投资者注意力分散对披露决策影响的研究，不仅可以进一步完善披露制度，还可以帮助投资者加深对公司披露信息的理解，减少和避免利用披露时间的不确定性进行恶意炒作，在我国尤其具有重要的意义。

本书虽然对管理者羊群行为和投资者注意力分散与信息披露时机选择的关系进行了一些探讨，但它只是浩瀚的信息披露研究海洋中的冰山一角，笔者认为还存在诸多问题值得进一步深入研究。概括如下：

（1）行为公司金融对公司信息披露行为的研究形成了两条脉络：管理者非理性和外部投资者非理性。本书从管理者羊群行为和投资者注意力分散这两个角度对业绩预悲披露的“群聚”现象做出解释，但除此之外仍然存在其他的行为和心理因素可能影响公司的信息披露时机选择，例如，管理者的过度自信、代表性偏差、可得式偏差、锚定效应、框定依赖、投资者的情绪、投资者之间的异质信念等。而且，心理和行为因素也只是影响信息披露的诸多因素中的一种。因此，这些方面都可能成为未来研究的方向。

（2）本书分别构建了管理者羊群行为和投资者注意力分散下的信息披露时机决策模型，同时，在我们的实证分析当中，我们对这两种行为也是分开来进行考虑的，从而从不同的角度对业绩预悲披露的群聚现象做出解释。那么，如果这两者同时存在时，它们是否会互相作用而导致信息披露时机决策的不同进而导致不同的信息披露模式呢？这都还有待于进一步的研究。

（3）本书基于内生性的视角，从管理者羊群行为和投资者注意力分散的角度建模，对业绩预悲信息集中披露模式形成的机理进行了分析。但我们的研究仅限于用中国的经验数据对模型的结论加以检验，从而对现象形成的原因做出解释，尽管对信息集中披露带来的危害进行了简要的说明，但没有进一步对业绩预悲的集中披露这种行为对我国证券市场、投资者策略等各个方面的具体影响、影响途径及机理进行研究。因此，在未来，这也是一个重要的研究方面。

（4）既然我国上市公司盈余预告信息的集中披露现象非常严重，而且相关的政策的出台并没有使得这种集中披露的现象得到根治与减缓。那么，从盈余预告信息披露制度的设计及建设层面上来说，我们应该设计怎么样的信息披露制度使得市场的效率更高，同时更好地保护投资者的利益呢？这是一个大的宏观方面的问题，还需要更多的学者投身于这个方面的研究。

总之，信息披露决策方面尤其是行为信息披露方面的研究方兴未艾，还有无穷无尽的问题等着我们去探索，不断发掘问题、解决问题不仅是学者的责任和乐趣，同时也为社会的发展和人类对金融市场规律的认识做出了贡献。

附 录

附表 1

wind 数据库中上市公司业绩预告数据形式列举

（2008 年第一季度的 30 个样本）

证券代码	预警类型	预警摘要	预告净利润最大变动幅度（%）	预告日期	定期报告预计披露日期	预告次数	首次预告日期	是否变脸	报告期	证监会行业
000001. SZ	预增	增长 80%～90%	90. 00	2008－4－15	2008－4－24	1. 00	2008－4－15	False	2008－3－31	金融、保险业
000007. SZ	续亏	发生约 1 200 万元左右的亏损	－23. 60	2008－4－22	2008－4－29	1. 00	2008－4－22	False	2008－3－31	社会服务业
000012. SZ	预增	增长 200% 以上	200. 00	2008－4－3	2008－4－16	1. 00	2008－4－3	False	2008－3－31	金属、非金属
000014. SZ	续亏	亏损 1 200 万～1 400 万元	－311. 43	2008－4－11	2008－4－26	1. 00	2008－4－11	False	2008－3－31	房地产业
000016. SZ	预增	增长 50%～100%	100. 00	2008－4－22	2008－4－28	1. 00	2008－4－22	False	2008－3－31	电子
000023. SZ	首亏	亏损，累计亏损金额 800 万元左右	－141. 70	2008－4－1	2008－4－22	1. 00	2008－4－1	False	2008－3－31	建筑业
000025. SZ	续亏	亏损约 380 万元	－62. 16	2008－4－10	2008－4－30	1. 00	2008－4－10	False	2008－3－31	批发和零售贸易
000032. SZ	预增	增长 400%～450%	450. 00	2008－4－21	2008－4－26	1. 00	2008－4－21	False	2008－3－31	信息技术业
000035. SZ	扭亏	净利润 4 000 万元左右	9 694. 69	2008－4－15	2008－4－25	1. 00	2008－4－15	False	2008－3－31	信息技术业
000038. SZ	首亏	净利润为：－160 万元	－107. 90	2008－4－18	2008－4－30	1. 00	2008－4－18	False	2008－3－31	信息技术业

续表

证券代码	预警类型	预警摘要	预告净利润最大变动幅度（%）	预告日期	定期报告预计披露日期	预告次数	首次预告日期	是否变脸	报告期	证监会行业
000042. SZ	续亏	亏损金额在 1 400 万元左右	-39. 60	2008-4-10	2008-4-25	1. 00	2008-4-10	False	2008-3-31	房地产业
000055. SZ	预增	增长 100%~150%	150. 00	2008-4-15	2008-4-22	1. 00	2008-4-15	False	2008-3-31	金属、非金属
000061. SZ	预增	增长 250% 以上	250. 00	2008-4-11	2008-4-23	1. 00	2008-4-11	False	2008-3-31	批发和零售贸易
000065. SZ	首亏	亏损金额预计为 -1 000 万元	-206. 68	2008-4-10	2008-4-19	1. 00	2008-4-10	False	2008-3-31	建筑业
000068. SZ	扭亏	盈利金额 500 万元	105. 91	2008-4-9	2008-4-25	1. 00	2008-4-9	False	2008-3-31	电子
000100. SZ	预增	增长 100% 以上	100. 00	2008-4-8	2008-4-30	1. 00	2008-4-8	False	2008-3-31	电子
000150. SZ	扭亏	净利润约为人民币 400 万元左右	217. 52	2008-4-18	2008-4-26	1. 00	2008-4-18	False	2008-3-31	房地产业
000157. SZ	预增	增长 50%~100%	100. 00	2008-4-14	2008-4-30	1. 00	2008-4-14	False	2008-3-31	机械、设备、仪表
000402. SZ	预减	下降 50%~90%	-90. 00	2008-4-16	2008-4-30	1. 00	2008-4-16	False	2008-3-31	房地产业
000420. SZ	首亏	亏损 1 500 万~1 700 万元	-205. 03	2008-4-11	2008-4-19	1. 00	2008-4-11	False	2008-3-31	石油、化学、塑胶、塑料

续表

证券代码	预警类型	预警摘要	预告净利润最大变动幅度（%）	预告日期	定期报告预计披露日期	预告次数	首次预告日期	是否变脸	报告期	证监会行业
000422. SZ	预增	增长 100%～150%	150.00	2008－3－18	2008－4－22	1.00	2008－3－18	False	2008－3－31	石油、化学、塑胶、塑料
000423. SZ	预增	增长 50%～60%	60.00	2008－4－14	2008－4－18	1.00	2008－4－14	False	2008－3－31	医药、生物制品
000502. SZ	首亏	亏损金额约 60 万元	－127.96	2008－4－10	2008－4－24	1.00	2008－4－10	False	2008－3－31	房地产业
000506. SZ	扭亏	盈利金额在 50 万～70 万元	122.59	2008－4－15	2008－4－30	1.00	2008－4－15	False	2008－3－31	房地产业
000511. SZ	预增	增长 150%～200%	200.00	2008－4－1	2008－4－15	1.00	2008－4－1	False	2008－3－31	房地产业
000514. SZ	预增	增长约 60%～70%	70.00	2008－4－17	2008－4－23	1.00	2008－4－17	False	2008－3－31	房地产业
000518. SZ	扭亏	盈利约 200 万元	110.74	2008－4－16	2008－4－22	1.00	2008－4－16	False	2008－3－31	医药、生物制品
000531. SZ	预减	下降约为 70% 左右	－70.00	2008－4－21	2008－4－25	1.00	2008－4－21	False	2008－3－31	电力、煤气及水的生产和供应业
000532. SZ	首亏	亏损 800 多万元，下降 150%～170%	－170.00	2008－4－23	2008－4－26	1.00	2008－4－23	False	2008－3－31	电力、煤气及水的生产和供应业
000533. SZ	预减	下降幅度 50%～70%	－70.00	2008－4－12	2008－4－25	1.00	2008－4－12	False	2008－3－31	机械、设备、仪表

注：由于表格宽度受限，此表中没有对预警的内容加以列示，预警内容举例详见附表 2。同时，由于篇幅限制，此表中只是列示了 2008 年第一季度的部分业绩预告信息样本。

附表 2　　上市公司业绩预告内容数据形式列举

（2008 年第一季度 30 个样本）

证券代码	预警类型	预警内容	首次预告日期	报告期
000001. SZ	预增	2008 年 4 月 15 日公布 2008 年第一季度业绩预增公告，预测 2008 年一季度预增，预测内容为：预计本公司 2008 年 1 ~ 3 月累计净利润较上年同期相比将增长 80% ~ 90%；业绩增长原因说明：净利润较上年同期大幅增长的原因主要是由于存贷款的增长，利差的扩大，中间业务收入的增加，资产质量稳定以及有效税率的降低	2008 – 4 – 15	2008 – 3 – 31
000007. SZ	续亏	2008 年 4 月 22 日公布业绩预亏公告，预测 2008 年一季度续亏，预测内容为：亏损，由于公司新项目尚未正式落实，加之公司现有的酒店、房产租赁、管理业务未能支撑公司全部债务规模，公司债务包袱沉重，预计将发生约 1200 万元左右的亏损。具体数据将在 2007 年第一季度报告中披露	2008 – 4 – 22	2008 – 3 – 31
000012. SZ	预增	2008 年 4 月 3 日公布业绩预增公告，预测 2008 年一季度预增，预测内容为：本期业绩较上年同期大幅上升，预计 2008 年第一季度合并报表中归属于母公司的净利润较上年同期增长 200% 以上。业绩变动原因说明：（1）工程玻璃搬迁、整合完毕，各地新建项目陆续投产使得产能增加；（2）与上年同期相比，东莞太阳能玻璃项目及成都浮法玻璃项目的产能完全释放；（3）出售深圳南玻电子有限公司股权产生投资收益 3 000 多万元	2008 – 4 – 3	2008 – 3 – 31
000014. SZ	续亏	2008 年 4 月 11 日公布 2008 年第一季度业绩预亏公告，预测 2008 年一季度续亏，预测内容为：本公司预计 2008 年第一季度累计净利润较上年同期大幅下降，预计净利润为亏损 1 200 万 ~ 1 400 万元。业绩变动原因说明：经本公司测算 2008 年 1 ~ 3 月相比上年同期净利润大幅下降。2007 年 1 ~ 3 月实现净利润 – 3 402 781.35 元，2008 年 1 ~ 3 月业绩下降是因为公司目前没有竣工可销售项目所致	2008 – 4 – 11	2008 – 3 – 31

续表

证券代码	预警类型	预警内容	首次预告日期	报告期
000016. SZ	预增	2008 年 4 月 22 日公布 2008 年第一季度业绩预增公告，预测 2008 年一季度预增，预测内容为：经公司财务部门初步测算，预计公司 2008 年第一季度归属于母公司所有者的净利润比 2007 年同期增长 50%~100%。业绩变动原因说明：报告期内，公司继续坚持和深化价值经营策略，以精品、质量和创新三大工程为基础，实行差异化经营策略，使公司盈利能力得到较大提升；同时，公司受雪灾影响，在物流资源有限的情况下，优化物流资源配置，主要生产、销售和运输毛利率高的高端产品，高毛利率产品的销售比重有较大上升，公司盈利能力有较大提升	2008-4-22	2008-3-31
000023. SZ	首亏	2008 年 4 月 1 日公布的 2008 年第一季度业绩预亏公告，预测 2008 年一季度首亏，预测内容为：亏损。预测 2008 年第一季度业绩累计净利润可能为亏损，亏损金额 800 万元左右，主要原因是：（1）深圳混凝土市场竞争进一步加剧，生产成本增加，盈利能力下降；（2）春节期间混凝土生产和销售受到季节性影响，产销量均有所下滑；（3）公司其他项目还未获收益	2008-4-1	2008-3-31
000025. SZ	续亏	2008 年 4 月 10 日公布业绩预亏公告，预测 2008 年一季度续亏，预测内容为：预计亏损约 380 万元。业绩变动原因说明：经本公司财务部门初步测算，公司第一季度将产生约 380 万元的亏损，主要原因是公司下属企业改制需支付员工补偿金，具体数据将在 2008 年第一季度报告中进行详细披露	2008-4-10	2008-3-31
000032. SZ	预增	2008 年 4 月 21 日公布业绩预告公告，预测 2008 年一季度预增，预测内容为：同向大幅上升：预计公司 2008 年第一季度净利润与上年同期相比增长 400%~450%。业绩变动原因说明：公司下属子公司桑达房地产公司本年预售的棕榈堡项目 3 期在报告期达到结转销售条件，根据现有资料测算预计会给公司带来较大收益	2008-4-21	2008-3-31

续表

证券代码	预警类型	预警内容	首次预告日期	报告期
000035. SZ	扭亏	2008 年 4 月 15 日公布 2008 年第一季度业绩预增公告，预测 2008 年一季度扭亏，预测内容为：业绩大幅增长，经公司财务部门初步测算，预计 2008 年第一季度实现净利润 4 000 万元左右，具体数据以公司披露的 2008 年第一季度报告为准。业绩变动原因说明：报告期内，公司主营业务基本处于停产状态，经营业绩为亏损，业绩大幅增长系深圳三星科健移动通信技术有限公司（本公司持有其 35% 股权）产能继续扩大，其经营业绩较上年同期增长 190% 左右，本公司投资收益也相应大幅增长所致	2008 - 4 - 15	2008 - 3 - 31
000038. SZ	首亏	2008 年 4 月 18 日公布 2008 年第一季度业绩亏损预告，预测 2008 年一季度首亏，预测内容为：预计公司 2008 年 1 月 1 日至 2008 年 3 月 31 日期间，净利润为：- 160 万元左右，比上年同期减少 2 186 万元。公司目前无任何经营性资产，负债及或有负债巨大，亏损主要为公司财务费用计提所致。公司股票自 2007 年 5 月 22 日暂停上市以来，公司董事会积极寻找重组方对公司进行资产重组，2007 年底通过引入潜在控股股东青岛亚星实业有限公司对公司进行股权分置与资产重组相结合的股权分置改革工作，并在 2008 年 1 月 28 日公告了《股权分置改革说明书》，详细披露了潜在控股股东为使公司获得持续经营能力和减轻公司或有债务清偿责任而进行的资产及财务重组工作。若公司股权分置改革及减轻或有负债清偿责任的财务重组方案能够顺利通过并获得实施，经公司初步测算，2008 年上半年盈利较上年同期将大幅增长，具体数据将在公司 2008 年半年报中详细披露。若公司股权分置改革方案及财务挽救方案未获通过，公司 2008 年中期将继续亏损，并面临终止上市风险，公司董事会提醒广大投资者注意投资风险。公司将严格按照有关法律法规的规定和要求，及时做好信息披露工作，公司董事会提醒广大投资者注意投资风险。本公司指定的信息披露媒体为《中国证券报》、《证券时报》和巨潮资讯网	2008 - 4 - 18	2008 - 3 - 31

续表

证券代码	预警类型	预警内容	首次预告日期	报告期
000042. SZ	续亏	2008 年 4 月 10 日公布 2008 年第一季度业绩预亏公告，预测 2008 年一季度续亏，预测内容为：经初步测算，公司 2008 年第一季度将出现亏损，亏损金额在 1 400 万元左右，具体财务数据以公司 2008 年第一季度报告的公告为准。预亏原因：公司报告期没有房地产项目结算，故出现亏损	2008 – 4 – 10	2008 – 3 – 31
000055. SZ	预增	2008 年 4 月 15 日公布 2008 年第一季度业绩预增公告，预测 2008 年一季度预增，预测内容为：本期业绩较上年同期增长 100% ~ 150%，具体数据将在 2008 年第一季度报告中披露。业绩变动原因说明：营业收入增长和出售部分金融资产所致	2008 – 4 – 15	2008 – 3 – 31
000061. SZ	预增	2008 年 4 月 11 日公布 2008 年第一季度业绩预增公告，预测 2008 年一季度预增，预测内容为：经公司财务部门初步测算，预计 2008 年第一季度公司净利润同比增长 250% 以上。业绩变动原因说明：报告期内公司主营业务呈现良好的发展态势，利润同比增加	2008 – 4 – 11	2008 – 3 – 31
000065. SZ	首亏	2008 年 4 月 10 日公布 2008 年第一季度业绩预亏公告，预测 2008 年一季度首亏，预测内容为：经公司初步测算，预计公司 2008 年一季度业绩将出现亏损，金额预计为 – 1 000 万元。与去年同期盈利相比发生大幅变化。具体财务数据将在公司第一季度报告中予以详细披露。变动原因：国际工程成交项目未能如期生效执行，当期经营规模、利润受到较大影响。人民币升值、加息、出口退税率下调以及原材料涨价严重影响了公司经营成果	2008 – 4 – 10	2008 – 3 – 31
000068. SZ	扭亏	2008 年 4 月 9 日公布 2008 年第一季度业绩预告公告，预测 2008 年一季度扭亏，预测内容为：经公司初步测算，预计公司 2008 年一季度业绩将出现盈利，盈利金额预计为 500 万元。与上年同期亏损相比发生大幅变化。具体财务数据将在公司第一季度报告中予以详细披露。变动原因：本报告期内，由于市场需求恢复及部分竞争公司的减产，引起产品需求恢复。公司生产线满负荷运转，产销量增加，部分产品提价。同时公司前期成本节俭、新品开发等活动开始初显成效	2008 – 4 – 9	2008 – 3 – 31

续表

证券代码	预警类型	预警内容	首次预告日期	报告期
000100. SZ	预增	2008 年 4 月 8 日公布业绩预告公告，预测 2008 年一季度预增，预测内容为：经营性利润同比增长 100% 以上，含股权转让收益的净利润同比增长 26 倍以上。业绩变动原因说明：公司第一季度经营性业绩同比增长 100% 以上，主要得益于各主导产业盈利能力有较大提升，经营业绩同比大幅改善，且公司 2008 年 2 月 18 日完成出售 TCL 低压电器（无锡）有限公司 80% 股权的交易，产生约 3.5 亿元的一次性收益确认在 2008 年第一季度，预计 2008 年 1 月 1 日至 2008 年 3 月 31 日公司业绩实现赢利且同比大幅增长。具体财务数据将在公司 2008 年第一季度报告中披露	2008 - 4 - 8	2008 - 3 - 31
000150. SZ	扭亏	2008 年 4 月 18 日公布 2008 年第一季度业绩预盈公告，预测 2008 年一季度扭亏，预测内容为：经公司财务部门初步测算，预计公司 2008 年第一季度与上年同期相比实现扭亏为盈，合并报表中归属于母公司的净利润约为人民币 400 万元左右。业绩变动原因说明去年公司完成了重大资产置换，主营业务转为房地产开发与销售，投股子公司广东宜华房地产有限公司经营情况良好	2008 - 4 - 18	2008 - 3 - 31
000157. SZ	预增	2008 年 4 月 14 日公布 2008 年第一季度业绩预增公告，预测 2008 年一季度预增，预测内容为：公司 2008 年第一季度净利润较上年同期增长 50% ~ 100%。具体数据将在 2008 年第一季度报告中详细披露。业绩变动原因说明报告期内，公司主营产品的销售较上年同期有较大幅度上升	2008 - 4 - 14	2008 - 3 - 31
000402. SZ	预减	2008 年 4 月 16 日公布的 2008 年第一季度业绩预减公告，预测 2008 年一季度预减，预测内容为：同向大幅下降，预计公司 2008 年一季度实现净利润与上年同期相比下降 50% ~ 90%，具体数据将在 2008 年第一季度报告中予以详细披露。业绩预减的原因公司属于房地产开发行业，营业收入主要来源于以写字楼为主的房产开发收入。由于公司销售的产品属于单宗大额产品，因此公司存在季度之间收入与利润的不均衡性。上年同期，公司确认金融街 F1 写字楼销售收入 19.60 亿元，集中实现利润。2008 年一季度，公司自持物业的租赁和经营正常进行，房产开发类业务签署了金融街 F3 项目等销售协议，但是由于公司部分已销售项目尚未达到收入确认条件，导致公司 2008 年一季度实现净利润较去年同期大幅下降	2008 - 4 - 16	2008 - 3 - 31

续表

证券代码	预警类型	预警内容	首次预告日期	报告期
000420. SZ	首亏	2008年4月11日公布2008年一季度业绩预亏公告，预测2008年一季度首亏，预测内容为：亏损1 500万～1 700万元。业绩变动的原因说明：2008年一季度以来，生产用原材料价格普遍上涨，原材料价格中最高上涨幅度达270%，所以导致公司经营困难	2008－4－11	2008－3－31
000422. SZ	预增	2008年3月18日公布2008年一季度业绩预告公告，预测2008年一季度预增，预测内容为：2008年1月1日至2008年3月31日同向大幅上升，预计归属于母公司的净利润同向增长100%～150%。2008年第一季度，由于公司生产规模进一步扩大，尿素、磷酸二铵、季戊四醇等主导产品价格上升等原因，预计公司业绩同比增长幅度较大。由于化工生产及产品市场价格有一定的不确定性，提醒广大投资者注意投资风险	2008－3－18	2008－3－31
000423. SZ	预增	2008年4月14日公布2008年第一季度业绩预增公告，预测2008年一季度预增，预测内容为：经本公司财务部门初步测算，预计2008年第一季度归属母公司净利润与上年同期相比增长50%～60%。业绩预增原因说明公司主营业务持续增长，盈利能力进一步增强	2008－4－14	2008－3－31
000502. SZ	首亏	2008年4月10日公布一季度业绩预亏公告，预测2008年一季度首亏，预测内容为：亏损。业绩变动原因说明：报告期内，公司部分开发项目尚未达到确认销售收入的条件，预计公司2008年第一季度将出现亏损，亏损金额约60万元	2008－4－10	2008－3－31
000506. SZ	扭亏	2008年4月15日公布业绩预告公告，预测2008年一季度扭亏，预测内容为：盈利，金额在50万～70万元之间。业绩变动原因说明：(1) 公司2007年度完成了对公司产生重大影响的债务重组，导致公司财务费用较上年同期大幅下降；(2) 由于本期公司剥离了原控股子公司亏损业务，变更了公司经营范围，着力开拓房地产相关业务，实现202万元营业收入	2008－4－15	2008－3－31

续表

证券代码	预警类型	预警内容	首次预告日期	报告期
000511. SZ	预增	2008 年 4 月 1 日公布 2008 年第一季度业绩预增公告，预测 2008 年一季度预增，预测内容为：预计 2008 年第一季度归属于母公司所有者的净利润比上年同期相比增长 150%～200%。业绩预增原因：由于 2008 年第一季度公司主营房地产业务的销售收入比上年同期大幅度增长，并且销售收入主要来源于毛利率相对较高的五里河东方威尼斯项目，经公司财务部门测算，预计公司 2008 年 1～3 月净利润将比上年同期大幅度增长。具体财务数据将在本公司第一季度报告中详细披露	2008－4－1	2008－3－31
000514. SZ	预增	2008 年 4 月 17 日公布 2008 年第一季度业绩预增公告，预测 2008 年一季度预增，预测内容为：经公司财务部门初步测算，预计公司 2008 年第一季度净利润比上年同期增长约 60%～70%。业绩增长原因主要系公司本期商品房销售收入增加以及新增会展经营收入（上年同期无此项收入）而致业绩增长	2008－4－17	2008－3－31
000518. SZ	扭亏	2008 年 4 月 16 日公布 2008 年一季度扭亏公告，预测 2008 年一季度扭亏，预测内容为：扭亏，预计 2008 年一季度盈利约 200 万元。业绩增长原因：本公司毛纺资产的出售已于 2007 年底正式交割完毕，2008 年开始公司主业全部转为生物制药，2008 年一季度，公司继续控制成本，加大销售力度，经财务部对 2008 年一季度财务数据测算，预计 2008 年一季度盈利约 200 万元	2008－4－16	2008－3－31
000531. SZ	预减	2008 年 4 月 21 日公布 2008 年第一季度业绩预告，预测 2008 年一季度预减，预测内容为：经本公司财务部初步测算，预计公司 2008 年第一季度净利润比上年同期下降约为 70% 左右。业绩变动原因说明：2008 年公司第一季度业绩下降主要是因燃煤、运输成本大幅上涨所致	2008－4－21	2008－3－31

续表

证券代码	预警类型	预警内容	首次预告日期	报告期
000532. SZ	首亏	2008 年 4 月 23 日公布 2008 年第一季度业绩预亏公告，预测 2008 年一季度首亏，预测内容为：经公司财务部初步测算，公司 2008 年 1 ~ 3 月累计净利润预计亏损 800 多万元，与上年同期相比下降 150% ~ 170%。业绩变动说明：（1）本期业绩较上年同期大幅下降的主要原因是子公司珠海华电投资公司证券投资收益大幅下降；（2）具体财务数据将在 2008 年第一季度报告中进行详细披露	2008 - 4 - 23	2008 - 3 - 31
000533. SZ	预减	2008 年 4 月 12 日公布 2008 年第一季度业绩预告公告，预测 2008 年一季度预减，预测内容为：下降幅度 50% ~ 70%，具体数据将在本公司 2008 年第一季度报告中予以详细披露。业绩变动原因说明：公司净利润较上年同期下降是投资收益减少所致。2007 年第一季度，公司收到参股企业广东北电通信设备有限公司 2006 年度分派利润 1 500 万元，占公司 2007 年第一季度净利润的 80. 69%；2008 年第一季度，公司尚未收到广东北电通信设备有限公司分红。若剔除投资收益因素的影响，公司经营利润较上午同期有所增长	2008 - 4 - 12	2008 - 3 - 31

注：由于篇幅限制，此表中只是列示了 2008 年第一季度的部分预告信息业绩变化原因分析的样本。

参考文献

[1] 蔡祥、李志文、张为国:《中国实证会计研究述评》,载《中国会计与财务研究》2003 年第 6 期。

[2] 陈汉文、邓顺永:《盈余报告及时性:来自中国股票市场的经验证据》,载《当代财经》2004 年第 4 期。

[3] 何佳、何基报:《投资者结构与股价波动关系——基于理论的思考》,载《南方经济》2006 年第 2 期。

[4] 蒋义宏、湛瑞锋:《未预期盈余、审计意见与年报披露及时性》,载《上海立信会计学院学报》2008 年第 1 期。

[5] 李维安等:《未预期盈利、非标准审计意见与年报披露的及时性》,载《管理评论》2005 年第 3 期。

[6] 李筱强:《 年报披露进度均衡性有待提高》,载《中国证券报》2003 年 6 月 6 日。

[7] 连玉君:《目标资本结构确定与经理人行为模式》,载《南方经济》2006 年第 7 期。

[8] 梁飞媛:《自愿性披露的“羊群行为”:基于资本性支出预告的实证研究》,载《财会通讯:综合(下)》2010 年第 1 期。

[9] 孟卫东、陆静:《上市公司盈余报告披露的特征及其信息含量》,载《经济科学》2000 年第 5 期。

[10] 申明浩、宋剑波:《基于报酬合约的经理人羊群行为研究》,载《经济学(季刊)》2008 年第 7 期。

[11] 宋军、吴冲锋:《金融市场中羊群行为的成因及控制对策研究》,载《财经理论与实践》2001 年第 6 期。

[12] 宋军、吴冲锋:《证券市场中羊群行为的比较研究》,载《统计

研究》2001 年第 11 期。

[13] 宋军、吴冲锋：《中国股评家的羊群行为研究》，载《管理科学学报》2003 年第 6 期。

[14] 孙培源、施东晖：《基于 CAPM 的中国股市羊群行为研究》，载《经济研究》2002 年第 2 期。

[15] 唐国琼、朱伟：《上市公司融资决策从众行为研究》，载《财会月刊：理论版》2007 年第 1 期。

[16] 巫升柱等：《中国上市公司年度报告披露及时性实证研究》，载《会计研究》2006 年第 2 期。

[17] 吴福龙、曾勇、唐小我：《效应理论及其对中国股市的现实意义》，载《预测》2003 年第 3 期。

[18] 于李胜、王艳艳：《信息竞争性披露、投资者注意力与信息传播效率》，载《金融研究》2010 年第 10 期。

[19] 张维、王雪莹、熊熊、张永杰：《公司并购中的“羊群行为”：基于中国数据的实证研究》，载《系统工程理论与实践》2010 年第 3 期。

[20] Aboody D., Kasznik R. CEO stock option awards and the timing of voluntary corporate disclosures [J]. Journal of Accounting and Economics, 2000, 29 (1): 73 - 100.

[21] Acharya VV, DeMarzo PM, Kremer I.. Endogenous information flows and the clustering of announcements [J]. CEPR Discussion Paper, 2008, No. DP6985.

[22] Aharony J, Swary I. Additional evidence on the information—based contagion effects of bank failures [J]. journal of Banking and Finance, 1996, 20 (1): 57 - 69.

[23] Ajinkya B., Bhojraj S., Sengupta P.. The association between outside directors, institutional investors and the properties of management earnings forecasts [J]. Journal of Accounting Research, 2004, Forth coming.

[24] Ashton R. H., Graul P. R., NEWTON J. D.. Audit delay and the timeliness of corporate reporting [J]. Contemporary Accounting Research, 1989, 5 (2): 657 - 673.

[25] Avery C, Zemsky P. Multidimensional uncertainty and herd behavior in financial markets [J]. The American Economic Review, 1998, 88 (4): 724-748.

[26] Baginski S., Hassell J., Kimbrough, M.. The effect of legal environment on voluntary disclosure: Evidence from management earnings forecasts issued in US and Canadian markets [J]. Accounting Review, 2002, 77: 25-50.

[27] Baginski, S. P., J. Hassell and W. A. Hillison, Voluntary Causal Disclosures: Tendencies and Capital Market Reaction [J]. Review of Quantitative Finance and Accounting, 2000, 15: 371-389.

[28] Bagnoli M., Clement M., Watts S.. Around-the-clock media coverage and the timing of earnings announcements [J]. McCombs Research Paper Series, 2005, No. ACC-02-06.

[29] Bagnoli M., Kross W., Watts S. G.. The information in management's expected earnings reported date: a day late, a pennyshort [J]. Journal of Accounting Research, 2002, Vol. 40: 1275-1296.

[30] Baker M., Ruback R. S., Wurgler J. Behavioral corporate finance [J]. Handbook of corporate finance: Empirical corporate finance, 2007, 1: 145-186.

[31] Ball R., Brown P.. An empirical evaluation of accounting income numbers [J]. Journal of Accounting Research, 1968, 6: 159-178.

[32] Ball R., Shivakumar L. Earnings Quality in UK Private Firms: Comparative Loss Recognition Timeliness [J]. Journal of Accounting and Economics, 2005, 39: 83-128.

[33] Banerjee A. V.. A Simple Model of Herd Behavior [J]. The Quarterly Journal of Economic, 1992, 107: 797-817.

[34] Barber B., Odean T.. All that glitters: The effect of attention and news on the buying behavior of individual and institutional investors [J]. Review of financial studies, 2008, 21 (2): 785-818.

[35] Bernard V., Thomas J.. Post-earnings-announcement drift: delayed price response or risk premium? [J]. Journal of Accounting Research, 1989,

27: 1 -36.

[36] Bikhchandani S., Hirshleifer D., Welch A.. Theory of Fads, Fashion, Custom, and Cultural Change as Informational Cascades [J]. Journal of Political Economy, 100: 992 -1026.

[37] Bond R., Smith P. B. Culture and conformity: A meta-analysis of studies using Asch's (1952b, 1956) line judgment task [J]. Psychological bulletin, 1996, 119 (1): 111.

[38] Botosan C., Harris M.. Motivations for a change in disclosure frequency and its consequences: An examination of voluntary quarterly segment disclosures [J]. Journal of Accounting Research, 2000, 38: 329 -353.

[39] Broadbent D. E.. Perception and communication [M]. Pergamon Press, New York, 1958.

[40] Brown I. E., Palmon O., Wald J. K.. Herd Behavior in Voluntary Disclosure Decisions: An Examination of Capital Expenditure Forecasts [J]. Working Paper, University of Southern California, 2006.

[41] Bushee B., Matsumoto D., Miller G.. Open versus closed conference calls: The determinants and effects of broadening access to disclosure [J]. Journal of Accounting and Economics, 2003, 34: 149 -169.

[42] Bushman R., Chen Q., Engel E., Smith A.. The Sensitivity of Corporate Systems to the Timeliness of Accounting Earnings [J]. Working Paper. University of North Carolina-Chapel Hill. 2000.

[43] Calomiris C W, Mason J R. Cause of US Bank Distress During the Depressionl RJ. Philadelphia, USA: LeBow College of Busines, 2001.

[44] Chambers AE, Penman, SH. Timeliness of Reporting and the Stock Price Reaction to Earnings Announcement [J]. Journal of Accounting Research, 1984, 22 (1): 21 -47.

[45] Chamley C., Gale D.. Information Revelation and Strategic Delay in a Model of Investment [J]. Econometric, 1994, 62: 1065 -1085.

[46] Chang E, Cheng J, Khorana A. An examination of herd behavior in equity markets: An international perspective [J]. Journal of Banking and

Finance, 2000, 20 (8): 1651 - 1679.

[47] Cherry E. C. . Some experiments on the recognition of speech, with one and twoears [J]. Journal of the Acoustical Society of America, 1953, 25: 975 - 979.

[48] Christie W, Huang R. Following the pied piper: Do individual returns herd around the market? [J]. Finance Analyst Journal, 1995, 7 (1): 31 - 37.

[49] Cipriani M, Guarino A. Herd Behavior and Contagion in Financial Markets [M]. New York: New York University, 2003.

[50] Clarke R. . Collusion and the Incentives for Information Sharing [J]. Journal of Economics, 1983, 14: 383 - 394.

[51] Coleman J. S. Relational analysis: the study of social organizations with survey methods [J]. Human Organization, 1958, 17 (4): 28 - 36.

[52] Da Z. , Engelberg J. , Gao P. . In search of attention [C]. AFA 2010 Atlanta Meetings Paper, 2010.

[53] Damodaran A. The weekend effect in information releases: A study of earnings and dividend announcements [J]. Review of financial studies, 1989, 2 (4): 607.

[54] Daniel K. , Hirshleifer D. , Teoh S. . Investor psychology in capital markets: evidence and policy implications [J]. Journal of Monetary Economics, 2002, 49 (1): 139 - 209.

[55] Darrough M. . Disclosure Policy and Competition: Cournot vs. Bertrand [J]. The Accounting Review, 1993, 68: 534 - 561.

[56] Davis, Whittred. The Association between Selected Corporate Attributes and Timeliness in Corporate Reporting [J]. Further Analysis, 1980, 16: 48 - 60.

[57] De Long J. , Shleifer A. , Summers L. , Waldmann R. . Noise trader risk in financial markets [J]. Journal of Political Economy, 1990, 98 (4): 703 - 738.

[58] DellaVigna S. , Pollet J. . Investor inattention and Friday earnings

announcements [J]. The Journal of Finance, 2009, 64 (2): 709 –749.

[59] Dierker, M.. Dynamic Information Disclosure [J]. Working Paper, University of California at Los Angeles, 2002.

[60] Dye R.. Mandatory Versus Voluntary Disclosures: The Cases of Financial and Real Externalities [J]. Accounting Review, 1990, 23 (1): 23 – 45.

[61] Dye R., Sridhar S.. Industry-Wide Disclosure Dynamics [J]. Journal of Accounting Research, 1995, 33 (1): 157 –174.

[62] Falkenstein, E. G. Preferences for stock characteristics as revealed by mutual fund portfolio holdings [J]. Journal of Finance, 1996, 51 (1): 111 –135.

[63] Feltham G., Xie J.. Voluntary financial disclosure in an entry game with continua oftypes [J]. Contemporary Accounting Research, 1992, 9: 46 –80.

[64] Feltham G. A., Gigler F. B., Hughes J. S.. The Effects of Line-of-Business Reporting on Com-petition in Oligopoly Settings [J]. Contemporary Accounting Research, 1992, 9: 1 –23.

[65] Francis J., Pagach D., Stephan J.. The stock market response to earnings announcements released during trading versus non-trading periods [J]. Journal of Accounting Research, 1992, 30 (2): 165 –184.

[66] Frankel R., McNichols M., Wilson G. P. Discretionary disclosure and external financing [J]. Accounting Review, 1995, 70 (1): 135 –50.

[67] Fried D.. Incentives for Information Production and Disclosure in a Duopolistic Environment [J]. Quarterly Journal of Economics, 1984, 99: 85 –92.

[68] Gennotte G., Trueman B.. The Strategic Timing of Corporate Disclosures [J]. The Review of Financial Studies, 1996, 9 (2): 665 –690.

[69] Gervais S. Market Microstructure with Uncertain Information Precision: A Multi-period Analysis [M]. Philadelphia, UAS: Pennsylvania University, 1996.

[70] Givoly D, Palmon D.. Timeliness of annual earnings announcements: Some empirical evidence [J]. Accounting Review, 1982, 57 (3): 486 –508.

[71] Glosten L R, Milgrom P R. Bid, ask and unsanctioned prices in a specialist market with heterogeneously informed traders [J]. Journal of Financial Economics, 1985, 14 (1): 71 -100.

[72] Graham J R. Herding among investment newsletters: Theory and evidence [J]. Journal of Finance, 1999, 54 (2): 237 -268.

[73] Graham JR.. Herding among investment newsletters: Theory andevidence [J]. The Journal of Finance, 1999, 54 (1): 237 -68.

[74] Haw I. M., Qi D., Wu W. Timeliness of annual report releases and market reaction to earnings announcements in an emerging capital market: The case of China [J]. Journal of International Financial Management & Accounting, 2000, 11 (2): 108 -131.

[75] Hirshleifer D., Lim S. S., Teoh S. H.. Disclosure to an audience with limited attention [J]. Fisher College of Business, 2004, Ohio State University.

[76] Hirshleifer D., Lim S., Teoh S. Driven to distraction: Extraneous events and under reaction to earnings news [J]. The Journal of Finance, 2009, 64 (5): 2289 -2325.

[77] Hirshleifer D., Lim S., Teoh S.. Disclosure to an audience with limited attention [J]. working paper, 2004.

[78] Hong H., Stein J.. A unified theory of under reaction, momentum trading, and overreaction in assetmarkets [J]. The Journal of Finance, 1999, 54 (6): 2143 -2184.

[79] Hou K., Peng L., Xiong W. A tale of two anomalies: The implication of investor attention for price and earnings momentum [J]. Unpublished paper, Ohio State University, Baruch College, and Princeton University, 2006.

[80] Huddart S., Lang M., Yetman M.. Volume and price patterns around a stock's 52-week highs and lows: Theory andevidence [J]. Management Science, 2009, 55: 16 -31.

[81] Kahneman D.. Attention andeffect [J]. Prentice-Hall, Englewoods Cliffs, new Jersey, 1973.

[82] Kahneman, D. and A. Tversky, Prospect Theory: An Analysis of Decision Under Risk [J]. Econometric, 1979, 47 (2): 263 -291.

[83] Karlsson N., Loewenstein G., Seppi D. The ostrich effect: Selective attention to information [J]. Journal of Risk and Uncertainty, 2009, 38 (2): 95 -115.

[84] Kaznik R., Lev B. To warn or not to warn—management disclosures in the face of an earnings surprise [J]. Accounting Review, 1995, 70: 113 -134.

[85] Kelley, H. H, Attribution theory in Social Psychology. In D. Levine (Ed.) [M]. Nebraska Symposium on Motivation, University of Nebraska Press, 1967.

[86] Kelley, H. H, the Process of Causal Attribution [J]. American Psychologist, 1973, 28: 107 -128.

[87] Keynes J. M. The generaltheory [M]. London, New York, 1936.

[88] Kothari S. P.. Capital markets research inaccounting [J]. Journal of Accounting and Economics, 2001, 31: 105 -231.

[89] Kross w., Schroeder D. A.. An empirical investigation of the effect of quarterly earnings announcement timing on stockreturns [J]. Journal of Accounting Research, 1984, 22: 153 -176.

[90] Kross W.. Earnings Announcement and Time Lay [J]. Journal of Business Research, 1981, 267 -281.

[91] Kyle A S. Continuous auctions and insider trading [J]. Econometrical, 1985, 53 (6): 1315 -1335.

[92] Lakonishock J, Shleifer A, Vishny R W. The impact of institutional trading on stockprices [J]. Journal of Financial economics, 1992, 32 (1): 23 -44.

[93] Lang M., Lundholm R.. Voluntary disclosure during equity offerings: reducing information asymmetry or hyping the stock? [J]. Contemporary Accounting Research, 2000, 17: 623 -662.

[94] Lee H.. On the Convergence of Informational Cascades [J]. Journal of Economics Theory, 1993, 61: 395 -411.

[95] Lee Chi-Wen, Yue J. H.. Timeliness and EarningQuality [J]. Working Paper, American Accounting Association 2004 Annual Meeting.

[96] Lowry M, Schwert G M. IPO market cycles: Bubbles or sequential learning? [J]. Journal of Finance, 2002, 57 (5): 1171 -1201.

[97] Maug E., Naik N. herding and delegated portfolio management [J]. Mimeo, London Business School, 1996.

[98] McLeod P.. Parallel processing and the psychological refractory period [J]. Acta Psychologica, 1977, 41: 381 -391.

[99] Moray N.. Attention in dichotic listening: Affective cues and the influences ofinstructions [J]. Quarterly Journal of Experimental Psychology, 1959, 11: 56 -60.

[100] Nagar V., Nanda D., Wysocki P.. Discretionary disclosure and stock-based incentives * 1 [J]. Journal of Accounting and Economics, 2003, 34 (1 -3): 283 -309.

[101] Nagar V.. The role of the manager's human capital in discretionary disclosure [J]. Journal of Accounting Research, 1999, 37 (Suppl.): 167 -181.

[102] Nofsinger J. R., Sias R. W.. Herding and feedback trading by institutional and individual investors [J]. The Journal of Finance, 1999, 54 (6): 2263 -2295.

[103] Patel J., Zeckhauser R., Hendficks D.. The Rationality Struggle: Illustrations from Financial Markets [J]. American Economic Review, 1991, 81: 231 -236.

[104] Patell J., Wolfson M. Good news, bad news, and the intraday timing of corporate disclosures [J]. Accounting Review, 1982, 57 (3): 509 -527.

[105] Peng L., Xiong W.. Investor attention, over confidence and category learning [J]. Journal of Financial Economics, 2006, 80 (3): 563 -602.

[106] Peng L.. Learning with information capacity constraints [J]. Journal of Financial and Quantitative Analysis, 2005, 40 (2): 307 -329.

[107] Prendergast C., Stole L.. Impetuous youngsters and jaded old-timers: Acquiring a reputation forlearning [J]. Journal of Political Economy, 1996, 104 (6): 1105-34.

[108] Scharfstein DS, Stein, JC. Herd behavior andinvestment [J]. The American Economic Review, 1990, 80 (3): 465-79.

[109] Seasholes M., Wu G.. Predictable behavior, profits, andattention [J]. Journal of Empirical Finance, 2007, 14 (5): 590-610.

[110] Sengupta P. Disclosure timing: Determinants of quarterly earnings releasedates [J]. Journal of Accounting and Public Policy, 2004, 23 (6): 457-82.

[111] Sengupta P. Disclosure timing: Determinants of quarterly earnings release dates [J]. Journal of Accounting and Public Policy, 2004, 23 (6): 457-82.

[112] Shleifer A.. Inefficient markets: An introduction to behavior alfinance [M]. Oxford University Press, USA, 2000.

[113] Simmons D. J., Levin D. T.. Change blindness [J]. Trends in Cognitive Sciences, 1997, 1: 261-267.

[114] Skinner D. Earnings disclosure and stock holder lawsuits [J]. Journal of Accounting and Economics, 1997, 23: 249-283.

[115] Skinner D. Why firms voluntarily disclose bad-news [J]. Journal of Accounting Research, 1994, 32: 38-60.

[116] Stroop J.. Studies of interference in serial verbal reactions [J]. Journal of Experimental Psychology, 1935, 28: 643-662.

[117] Treisman A., Davies A.. Dividing attention to ear andeye [J]. In S. Kornblum, 2nd., Attention and Performance, 1973, IV: 101-117 (Academic Press, New York).

[118] Trueman B.. Theories of Earnings-Announcement Timing [J]. Journal of Accounting and Economics, 1990, 13 (3): 285-301.

[119] Tse S., Tucker J. Within-industry timing of earnings warnings: do managers herd? [J]. Review of Accounting Studies, 2009, 1-36.

[120] Verrecchia R.. Discretionary disclosure [J]. Journal of Accounting and Economics, 1983, 5: 179 -194.

[121] Wagenhofer A.. Voluntary Disclosure with a Strategic Opponent [J]. Journal of Accounting and Economics, 1990, 12: 341 -363.

[122] Welch, Herding among Security Analysts [J]. Journal of Finance Economics, 2000, 58: 369 -396.

[123] Weleh I.. Sequential Sales, Learning, and Cascades [J]. The Journal of Finance, 1992, 47: 695 -732.

[124] Wermers R.. Mutual Fund Herding and the Impact on Stockprices [J]. Journal of finance, 1999, 54: 581 -622.

[125] Whittred G. P. Audit Qualification and the Timeliness of Corporate Annual Reports [J]. The Accounting Review, 1980, Vol. LV (4): 563 - 577.

[126] Yermack D.. Good Timing: CEO Stock Option Awards and Company News Announcements [J]. Journal of Finance, 1997, 52: 449 -476.

[127] Zwiebel J.. Corporate Conservatism and Relative Compensation [J]. Journal of Political Economy, 1995, 103 (1): 1 -25.

图书在版编目（CIP）数据

我国上市公司业绩预悲披露的“群聚”现象研究／谢玲红著．—北京：经济科学出版社，2013．12
（中国农业科学院农业经济与发展研究所研究论丛．第3辑）
ISBN 978－7－5141－4144－3

Ⅰ．①我…　Ⅱ．①谢…　Ⅲ．①上市公司－会计分析－研究－中国　Ⅳ．①F279．246

中国版本图书馆CIP数据核字（2013）第304823号

责任编辑：齐伟娜
责任校对：刘　昕　郑淑艳
责任印制：李　鹏

我国上市公司业绩预悲披露的“群聚”现象研究
谢玲红　著
经济科学出版社出版、发行　新华书店经销
社址：北京市海淀区阜成路甲28号　邮编：100142
总编部电话：010－88191217　发行部电话：010－88191540
网址：www．esp．com．cn
电子邮件：esp@esp．com．cn
天猫网店：经济科学出版社旗舰店
网址：http：//jjkxcbs．tmall．com
北京季蜂印刷有限公司印装
710×1000　16开　8．75印张　140000字
2013年12月第1版　2013年12月第1次印刷
ISBN 978－7－5141－4144－3　定价：26．00元
（图书出现印装问题，本社负责调换。电话：88191502）